AF257177

8·F
25978

MINISTÈRE DE LA GUERRE

DIRECTION DU CONTROLE

COMMISSION CENTRALE DES RÉQUISITIONS

JURISPRUDENCE

RELATIVE A

L'APPLICATION DE LA LOI DU 3 JUILLET 1877

DEPOT LÉGAL
HAUTE-VIENNE

PARIS

Henri CHARLES-LAVAUZELLE

Editeur militaire

124, Boulevard Saint-Germain, 124

(MÊME MAISON A LIMOGES)

1917

TABLE DES MATIÈRES

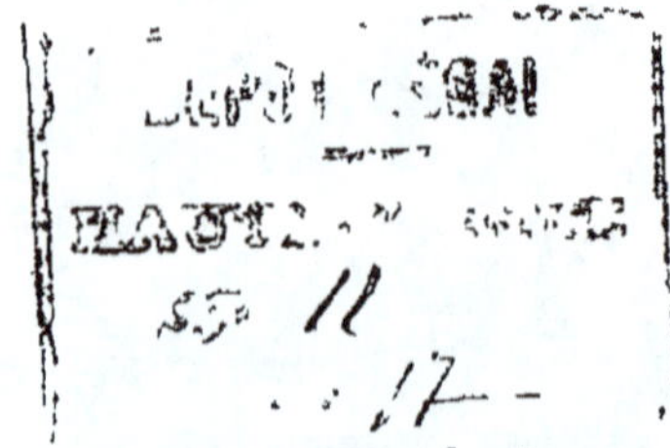

JURISPRUDENCE

RELATIVE A

L'APPLICATION DE LA LOI DU 3 JUILLET 1877

COUR D'APPEL D'AMIENS.

Audience du 2 février 1916.

Affaire : État français contre Geffroy.

Réquisition de transport. — Saisie par l'ennemi. — Distinction entre la réquisition et le dommage de guerre. — Contrat de louage forcé. — Risques. — Moment auquel la réquisition prend fin.

Considérant que, le 30 août 1914, l'autorité militaire française a réquisitionné à un sieur Geffroy, cultivateur à Coullemelle, deux chevaux, une voiture et un conducteur pour : « aller de Coullemelle à Mesnil-Saint-Firmin, conduire deux voitures du train de combat des chasseurs indigènes, en fixant l'aller et le retour à quatre heures »;

Considérant qu'en fait l'autorité militaire a conservé les chevaux et le conducteur de Geffroy jusqu'au 2 septembre et que, ce jour-là, elle les a congédiés à Senlis;

Que Geffroy prétend qu'au retour, ses chevaux et le conducteur ont été réquisitionnés par les Allemands; que ceux-ci ont conservé un des chevaux et couronné l'autre, et que le conducteur n'est rentré qu'avec ce dernier, quelques jours après, à Coullemelle;

Considérant que Geffroy évalue à 1.905 francs le préjudice qu'il a éprouvé par suite de la perte de l'un des chevaux, de la dépréciation de l'autre, et la perte d'un harnais et la valeur de dix jours de réquisition, et a assigné l'Etat, en la personne de l'Intendant du 2ᵉ corps d'armée, en paiement de cette somme;

En droit :

Considérant qu'il convient de distinguer le dommage résultant de réquisitions émanant de l'autorité militaire française et le dommage résultant de réquisitions faites par l'autorité militaire ennemie;

Que si, en ce qui concerne les réquisitions faites par l'autorité militaire française, c'est bien à l'Intendance que l'on doit s'adresser pour la vérification et l'évaluation du dommage, il en est autrement en ce qui concerne les réquisitions faites par l'autorité militaire ennemie; que le dommage qui est la conséquence de ces réquisitions constitue un dommage de guerre, dont on ne peut actuellement poursuivre et obtenir la réparation qu'en se conformant aux formalités du décret du 4 février 1915;

En fait :

Considérant que les chevaux et le conducteur de Geffroy n'ont été réquisitionnés, le 30 août, que pour un transport de matériel; que ce transport, qui ne devait durer que quelques heures, s'est, il est vrai, prolongé jusqu'au 2 septembre; mais que l'autorité militaire ayant, ce jour-là, renvoyé le conducteur et les chevaux, la réquisition s'est trouvée terminée à cette même date;

Que, sans doute, la réquisition prévoyait le retour des chevaux et du conducteur; que cette indication n'avait d'autre objet que de permettre à Geffroy de réclamer l'indemnité réglementaire, aussi bien pour le retour que pour l'aller;

Que Geffroy est mal venu à soutenir que l'autorité militaire s'était, par là même, engagée à assurer le retour de l'attelage à Coullemelle, puisque c'était pour transporter du matériel appartenant à des troupes battant en retraite et s'éloignant de Coullemelle que la réquisition avait eu lieu;

Considérant que cette réquisition a été assimilée avec raison par les premiers juges à une location forcée;

Que ce sont, par suite, les règles du contrat de louage qu'il convient d'appliquer;

Qu'en principe, les risques restent à la charge du propriétaire, en vertu du vieil adage « Res perit domino »;

Que la capture de l'un des chevaux de Geffroy par l'ennemi et la dépréciation de l'autre sont des faits de pillage, et que le dommage subi de ce chef par Geffroy résulte d'un véritable cas de force majeure, exclusif de toute responsabilité pour l'Intendance;

Que vainement Geffroy prétend-il faire aussi découler la responsabilité de l'Intendance de la faute qu'elle aurait commise, en congédiant son conducteur sans le prévenir de la présence des Allemands dans la région qu'il devait parcourir pour retourner à Coullemelle;

Considérant, tout d'abord, que rien ne démontre que l'autorité militaire, qui a congédié le 2 septembre, à Senlis, l'attelage de Geffroy, connaissait la position exacte de l'ennemi à cette date; qu'en second lieu, elle n'avait pas à s'immiscer dans le retour du conducteur à Coullemelle; que c'est à celui-ci qu'il appartenait de prendre les mesures que le souci de sa sécurité pouvait lui conseiller;

Que c'est, par conséquent, à tort que Geffroy, en admettant même comme établis les faits qu'il allègue, réclame à l'Intendance le montant de l'indemnité qui peut lui être due pour perte d'un cheval, dépréciation d'un autre et perte d'un harnais;

Que l'Intendance ne lui doit d'indemnité que pour le transport d'un matériel et le voyage (aller et retour) de ses chevaux et de son conducteur;

Que cette indemnité doit être fixée à 96 francs;

Que, pour le surplus, Geffroy aura à se pourvoir contre qui de droit et dans la forme qu'il avisera;

Considérant que l'Intendance, sans méconnaître devoir à Geffroy une indemnité de transport, n'a fait aucune offre ni en première instance ni en appel, qu'elle doit donc supporter une partie des dépens,

Par ces motifs :

La Cour

Infirme le jugement dont est appel;

Décharge l'appelant des condamnations principales prononcées contre lui;

Donne acte à l'appelant de ce qu'il n'a jamais contesté devoir à Geffroy une somme de 12 francs par jour de réquisition de son attelage;

Fixe à 96 francs la somme due de ce chef par l'appelant à Geffroy.

COUR D'APPEL DE MONTPELLIER.

Audience du 7 juin 1916.

Affaires : Ministre de la guerre contre Maffre et Parry.

———

Réquisitions de vins (loi du 3 juillet 1877, art. 2). — Détermination de la valeur. — Droit, pour le juge, de rectifier le cours commercial. — Producteur ou négociant. — Exclusion des cours de spéculation.

AFFAIRE MAFFRE.

Attendu qu'en imposant à tout citoyen, en cas de mobilisation ou de rassemblement de troupes, l'obligation d'obtempérer aux réquisitions militaires, la loi du 3 juillet 1877 lui reconnaît en même temps, dans l'article 2, le droit d'obtenir, sauf dans des cas limitativement déterminés, une indemnité représentative de la valeur des prestations qu'il a fournies, c'est-à-dire de faire replacer dans son patrimoine l'équivalent en deniers de ce qui en était sorti en nature, sans qu'il en résulte un enrichissement ou un appauvrissement;

Attendu que l'atteinte au droit de propriété a, dans la réquisition, comme dans l'expropriation, pour fondement, la prédominance de l'intérêt général sur l'intérêt particulier, et comporte une réparation calculée sur les mêmes bases; que si l'extrême urgence des réquisitions, exercées souvent dans un moment de péril national, justifie l'ajournement du règlement de l'indemnité après la prise de possession, elle reste sans influence sur les éléments d'évaluation de cette indemnité, c'est-à-dire sur l'étendue de l'obligation contractée, au nom de l'Etat, par l'autorité qui a réquisitionné; que cette interprétation est conforme à la pensée du législateur, telle qu'elle se dégage soit des termes clairs et précis de l'article 2 précité, soit des travaux préparatoires; que, dans son rapport à la Chambre des députés, le baron Reille, après avoir montré les liens qui rattachent le droit de réquisition au droit d'expropriation, ajoute textuellement : « Dans les réquisitions, l'indemnité ne peut être que subséquente, et cette condition, malheureusement inévitable, impose au législateur une prudence plus grande encore »;

Attendu que, quand la réquisition a porté sur des produits du sol ou sur des marchandises, la circonstance que l'indemnité, représentative de leur valeur, ne doit contribuer en aucune façon à enrichir le patrimoine du prestataire, n'implique pas, pour celui-ci, la privation du bénéfice normal sur lequel il était en droit de compter par leur vente, et qui aurait fait partie intégrante de ses revenus habituels; qu'on ne saurait, notamment, refuser de comprendre dans l'indemnité allouée à un propriétaire foncier, non seulement le prix de revient des récoltes qu'une réquisition lui a enlevées, mais encore la plus-value correspondant aux revenus qu'elle aurait dû normalement lui procurer; que, de même, le commerçant, dont les revenus professionnels consistent dans le gain réalisé sur la revente de ses marchandises, ne saurait en être privé totalement en ce qui concerne les denrées réquisitionnées dans ses magasins ou entrepôts;

Attendu que le législateur de 1877 nous offre lui-même un exemple de la distinction fort judicieuse qu'il a faite entre la *valeur* et le *prix de revient*, considérés comme base de l'indemnité; que, dans son article 30, il prescrit aux Compagnies de chemins de fer, en cas de réquisition, de livrer à l'Etat, au *prix de revient*, le combustible, les matières et autres objets nécessaires au service de l'exploitation et qui, comme tels, ne sont pas destinés à être vendus avec bénéfice, tandis que, dans son article 2, il accorde aux citoyens en général une indemnité représentative de la *valeur* des prestations qu'ils ont fournies sur réquisitions, car il n'est pas à présumer qu'à défaut de réquisition elles fussent restées improductives dans le patrimoine de leur propriétaire;

Attendu qu'en général, les cours des marchés, lorsqu'ils présentent une certaine fixité et lorsqu'ils se déduisent de transactions suffisamment nombreuses et importantes, sont la mesure la plus exacte et la plus sûre de la valeur d'une denrée alimentaire; mais qu'il arrive parfois que des variations brusques trahissent, dans les rapports de l'offre et de la demande, les manœuvres de la spéculation, ou que la pénurie des affaires enlève toutes garanties aux prix stipulés dans les rares transactions qui se traitent; que ces phénomènes sont précisément ceux qui sont venus altérer les mercuriales des vins à partir du mois de juillet 1915;

Attendu que, sans doute, l'invasion des maladies cryptogamiques, en compromettant gravement la récolte encore pendante, a pleinement justifié une hausse des prix; mais que cette hausse n'a pas tardé à dépasser toutes mesures, sous l'influence de la spéculation et à la faveur de l'étroitesse du marché, qui était dès ce moment paralysé en partie par l'exercice des réquisitions; que, bénéficiant de cette situation anormale, les propriétaires ont pu vendre leur vin à des prix inespérés et sur lesquels ils n'étaient pas en droit de compter; que, de même, certains négociants en vins ont réalisé, sur la revente de leur marchandise, des bénéfices hors de proportion avec ceux généralement admis dans le commerce;

Attendu que, pour le règlement des indemnités représentatives de la valeur des prestations fournies en exécution des réquisitions, on ne saurait accepter aveuglément des prix ainsi faussés; qu'il appartient au juge d'en exclure les exagérations anormales et de se livrer à une estimation équitable;

Attendu que Maffre, négociant en vins, réclame à l'Etat une indemnité calculée à raison de 33 francs l'hectolitre, pour 115 hectol. 66 de vin rouge d'Algérie à 11°,1, qu'il a livrés à l'autorité militaire en vertu d'une réquisition régulièrement faite, le 7 juillet 1915, en gare de Cette;

Attendu que l'Etat, après lui avoir signifié des offres calculées sur le prix de 22 fr. 50 l'hectolitre, a élevé ce taux à 27 fr. 15 devant le tribunal de 1re instance;

Attendu que les vins titrant plus de 11 degrés n'ont pas été cotés à la mercuriale de juin et juillet 1915, et que ceux titrant 10 et 11 degrés y figurent, à la date du 5 juillet, pour un prix variant de 28 à 30 francs; mais qu'il convient de tenir compte, pour la juste estimation du vin en litige, de la brusquerie de la hausse qui s'était produite depuis le 21 juin précédent, et qui, en deux semaines, avait élevé les cours de 7 à 8 francs par hectolitre; que cette perturbation du marché, dans laquelle la spéculation avait manifestement joué un certain rôle, commande de ramener à 27 fr. 80 par hectolitre le prix qui doit servir de base au règlement de l'indemnité sollicitée, de telle sorte que cette indemnité se trouve fixée à 3.215 fr. 35;

Attendu que la loi du 3 juillet 1877 n'ayant point dérogé aux dispositions de l'article 1153 du Code civil, les intérêts de la somme allouée par le présent arrêt, à titre d'indemnité, ne courent qu'à partir de la sommation de payer, c'est-à-dire de l'assignation introductive d'instance, aucun acte de mise en demeure n'ayant précédé cet exploit;

Attendu que le montant de la condamnation étant inférieur à la demande de Maffre, mais supérieur à l'offre de l'Etat, il convient de répartir les dépens entre l'appelant et l'intimé dans la mesure où chacun d'eux succombe dans ses prétentions,

Par ces motifs :

La Cour, ouï M. l'avocat général Liénard dans ses conclusions orales et motivées,

Infirmant pour partie le jugement attaqué :

Réduit à 3.215 fr. 35 la somme de 3.585 fr. 46 que l'Etat avait été condamné, par les premiers juges, à payer au sieur Maffre; dit que les intérêts légaux de cette somme courront du jour de l'assignation;

Fait masse des dépens tant de première instance que d'appel, à l'exception des frais d'enregistrement du jugement et de l'arrêt; dit qu'ils seront supportés les huit neuvièmes par Maffre et le neuvième par l'Etat, tandis que les frais d'enregistrement précités seront à la charge exclusive de l'Etat, débiteur de l'indemnité et, par suite, des frais du titre qui constate sa dette.

AFFAIRE PARRY.

.... (1).

Attendu qu'une réquisition exercée, le 5 août 1915, dans la cave du sieur Parry, propriétaire, a porté sur 599 hectol. 22 litres de vin rouge titrant 8 degrés; que l'Intendance ayant offert une indemnité calculée à raison de 24 fr. 75 par hectolitre, l'appelant a réclamé 30 francs par hectolitre pour une quantité de 120 hectolitres, et 40 francs par hectolitre pour le surplus, c'est-à-dire pour une quantité de 479 hectol. 22;

Attendu que, pour expliquer cette différence de prix relativement à des vins de même qualité, Parry prétend avoir été victime d'une irrégularité commise dans la réquisition, en ce que tout son vin aurait été réquisitionné, alors que celui des habitants de la même commune ne l'aurait été que dans une proportion relativement minime;

Attendu qu'une telle prétention n'est pas justifiée; qu'en effet, la réquisition exercée, le 5 août, dans les chais de Parry, n'a porté que sur une partie des vins qui y étaient contenus, et que la proportion entre la quantité réquisitionnée et la quantité totale est sensiblement celle qui a été adoptée par les réquisitions faites dans les autres caves de la commune; qu'en admettant que tout le vin non réquisitionné dans la cave de Parry ait cessé d'appartenir à celui-ci, par suite de ventes antérieures qu'il aurait consenties à différents acheteurs, on ne saurait voir, dans cette circonstance, — qui d'ailleurs n'est pas établie, — ni une irrégularité susceptible de vicier la réquisition, ni un motif de majoration de l'indemnité;

---

(1) La première partie de cet arrêt reproduit les motifs de l'arrêt précédent (affaire Maffre).

Attendu qu'au 2 août 1915, les vins de 7 à 8 degrés figuraient sur la mercuriale pour un prix de 25 à 27 francs, et ceux de 8 à 9 degrés pour un prix de 27 à 30 francs; mais qu'il convient de tenir compte de la part de spéculation, dans la hausse manifestement exagérée de 7 à 8 francs qui s'était produite depuis le 28 juin précédent, c'est-à-dire depuis le moment où les réquisitions s'étaient presque complètement substituées aux marchés de gré à gré, surtout pour ces vins de faible degré; que le prix de 26 francs paraît, dans ces conditions, représenter la valeur du vin litigieux au jour de la réquisition, ce qui porte l'indemnité totale à 15.579 fr. 72;

Attendu que les parties succombant dans leurs prétentions respectives, il y a lieu de répartir les dépens proportionnellement entre elles,

Par ces motifs :

La Cour, ouï M. l'avocat général Liénard en ses conclusions orales et motivées,

Réformant pour partie le jugement attaqué :

Réduit à 15.579 fr. 72 la somme de 16.178 fr. 94 que l'Etat a été condamné, par les premiers juges, à payer à Parry, à titre d'indemnité, avec intérêts à partir du jour de l'assignation;

Fait masse des dépens tant de première instance que d'appel, à l'exception des frais d'enregistrement de la décision de première instance et du présent arrêt; dit qu'ils seront supportés quatre cinquièmes par Parry et un cinquième par l'Etat, tandis que les frais d'enregistrement précités seront à la charge exclusive de l'Etat, débiteur de l'indemnité et, par suite, des frais du titre qui constate sa dette;

Prononce la distraction desdits dépens au profit des avoués de la cause sur leur affirmation de droits;

Ordonne la restitution de l'amende.

COUR D'APPEL DE DIJON

Audience du 17 juillet 1916.

**Affaire : Etat français contre Docks de Bourgogne et Entrepôts
de la Côte-d'Or.**

---

*Réquisition de terrains, bâtiments, etc. (Loi du 3 juillet 1877,
art. 2). — Détermination de la valeur. — Prix de revient. —
Exclusion du cours de spéculation. — Bénéfice légitime et
modéré.*

Attendu que les prestations à raison desquelles l'appelante a
réclamé, devant les premiers juges, et réclame devant la Cour
diverses indemnités, consistent en la mise à la disposition de
l'Etat, sur réquisitions régulières, de terrains découverts, de
force motrice, d'un embranchement de voie ferrée et surtout
d'emplacements assez vastes dans les grands bâtiments des
« Docks », situés sur la route de Plombières, en face de la
gare des marchandises de Dijon, et reliés à cette gare par une
voie ferrée qui traverse la route;

Attendu que ces indemnités étaient réclamées à l'intimé sous
neuf chefs, et qu'au dernier état des conclusions devant les premiers juges, les parties s'étaient mises d'accord sur les chefs
5, 6, 7, 8 et 9, au montant global de 1.812 fr. 35; que le litige
n'existait plus que relativement aux quatre premiers chefs, concernant les emplacements susindiqués, sis les uns au rez-de-
chaussée à quai d'embarquement, les autres aux étages supérieurs des Docks;

Attendu que, pour ces quatre articles, l'appelante demandait
le paiement, avec intérêts de droit, de la somme de 11.039 fr. 83;
l'intimé offrait celle de 4.074 fr. 40, et les premiers juges ont
accordé celle de 5.519 fr. 99;

Attendu que, devant la Cour, les parties ayant respectivement
repris, la Société par appel principal, l'Etat par appel incident,
leurs conclusions de première instance, le litige revient, en entier, tel qu'il était devant les premiers juges;

Attendu qu'aux termes de l'article 2 de la loi du 3 juillet 1877
sur les réquisitions militaires, « toutes les prestations donnent
droit à des indemnités représentatives de leur valeur, sauf dans

les cas spécialement déterminés par l'article 15 de la présente loi », cas dont il ne s'agit point en l'espèce;

Attendu que cette règle, posée par le législateur, doit être appliquée à la difficulté pendante; que, sans doute, l'estimation faite par la commission départementale d'évaluation et, d'autre part, les indications données par la circulaire ministérielle du 3 mars 1915, sont, dans leurs sens opposés, utiles à consulter pour la solution de la difficulté, mais que, comme le dit avec raison le tribunal, elles ne lient, pas plus l'une que les autres, le juge du fond qui ne doit s'inspirer que de la règle légale ci-dessus posée;

Attendu que, d'après son texte et d'après l'esprit général de la loi où elle figure, cette règle doit être entendue en ce sens que le prestataire ne doit pas subir de perte; que, dès lors, en principe, il y a lieu de ne tenir compte que du prix de revient et des frais généraux; que, toutefois, lorsque le prestataire est, comme l'appelante, un commerçant, la règle posée oblige à lui allouer, en outre, et en compensation des risques que courent ses capitaux engagés dans l'affaire commerciale, le bénéfice légitime et modéré que comportent ces risques, sans quoi le commerçant éprouverait en réalité une perte; mais que l'on doit exclure — et exclure rigoureusement, puisqu'il s'agit de l'intérêt de la défense nationale, — tout bénéfice exagéré, tout lucre dérivant de circonstances particulières ou de la spéculation, qui, pesant sur le marché, ont pour effet de fausser les prix et les cours;

Attendu qu'en contrôlant, en conformité de ces considérations et à la lumière des documents et renseignements fournis par les deux parties, les indemnités fixées par les premiers juges pour les quatre articles contestés, on doit reconnaître que ces indemnités remplissent les conditions ci-dessus indiquées, en assurant à la Société appelante non seulement le remboursement de ses dépenses ou avances, mais encore un bénéfice modéré qui, s'il n'est pas le bénéfice auquel elle voudrait atteindre et qu'elle a pu antérieurement réaliser quelques fois, est cependant suffisamment rémunérateur des capitaux exposés dans son entreprise commerciale;

Attendu, dès lors, qu'il y a lieu de confirmer le jugement entrepris, tant en ce qui concerne le fond qu'en ce qui concerne les dépens; qu'il suffit, en effet, quant aux dépens, de considérer l'écart existant entre le chiffre de la demande et celui de l'offre, d'une part, et, d'autre part, le chiffre alloué par le tribunal, pour se convaincre que la répartition desdits dépens a été faite proportionnellement aux torts respectifs des parties;

Que cette même répartition devra être ordonnée pour les dépens d'appel, puisque le litige et sa solution sont les mêmes en appel qu'en première instance;

Attendu, toutefois, que les premiers juges ont oublié de condamner aux intérêts de droit, qui étaient demandés par l'appelante; qu'il y a lieu de réparer cette omission;

Par ces motifs :

Sans s'arrêter à l'appel principal, non plus qu'à l'appel incident, si ce n'est pour les rejeter,

Confirme en son dispositif le jugement rendu par le tribunal civil de Dijon le 30 novembre 1915;

Condamne toutefois l'Etat à payer à la Société appelante les intérêts au taux légal, à compter du jour de la demande en justice, de la somme de 7.332 fr. 27, au paiement de laquelle l'Etat a été, en tant que besoin, condamné par les premiers juges.

COUR D'APPEL DE TOULOUSE

Audience du 24 juillet 1916.

Affaire : Ministre de la guerre contre Daydé.

Réquisition de velours. — Ordre de réquisition. — Effet translatif de la propriété subordonnée à la vérification. — Mainlevée de la réquisition. — Indemnité correspondant à la période d'immobilisation.

Attendu que le sieur Daydé, négociant à Toulouse, a assigné l'Etat en condamnation d'une somme de 175.837 francs représentant la valeur de 75 balles velours coton, provenance Espagne, réquisitionnées à son préjudice par le Service de l'intendance ;

Attendu que les ordres de réquisition délivrés les 14, 17, 20 et 22 avril 1915 sont conçus dans les termes suivants : « Le sieur Daydé est requis de fournir au Magasin central les prestations suivantes, etc... »; que ces ordres de réquisition n'ont pas été suivis d'exécution réelle et que, par lettre du 30 avril, le négociant était avisé que le Directeur du contrôle venait de lever les réquisitions récentes sur les velours;

Attendu que Daydé soutient que, par le seul fait de la réquisition, il aurait cessé d'être propriétaire de cette marchandise et que l'Etat serait devenu débiteur de la somme de 175.837 francs qui en représente la valeur; que la question qui se pose est donc celle de savoir si l'ordre de réquisition suffit, à lui seul, pour transférer la propriété de la chose reconnue nécessaire pour les besoins de l'armée;

Attendu que la transmission de la propriété a toujours été entourée de garanties particulières et soumise à des formes étroites; qu'à la vérité, notre droit moderne, supprimant la nécessité de la tradition en matière de vente, a admis que la propriété peut se transmettre par le simple consentement des parties; mais que cette règle recevrait une extension imprévue si l'on décidait que cette transmission peut s'opérer par la seule volonté de celui qui veut acquérir, exprimée par un ordre de réquisition, et sans autre forme de procédure;

Attendu que le propriétaire peut être contraint de céder sa propriété contre son gré, dans certains cas spécialement prévus par la loi, tels que la saisie, l'expropriation pour cause d'utilité publique, ou la réquisition militaire;

Qu'en matière de saisie ou d'expropriation pour cause d'utilité publique, la loi a eu besoin d'organiser des procédures qui sont destinées à sauvegarder les droits de toutes parties, et plus spécialement de celui qui va être privé de sa chose;

Qu'en matière de réquisition, l'urgence des besoins de l'armée ne permettait pas de s'attarder à des procédures compliquées; mais qu'il serait contraire à tous les principes de notre droit, qu'un ordre de réquisition pur et simple eût le pouvoir de dépouiller le propriétaire, avant même qu'il y ait eu livraison de la chose et que cette livraison ait été officiellement constatée; que ce pouvoir serait d'autant plus exorbitant dans l'espèce, que les velours, n'ayant pas été mesurés contradictoirement, leur prix devait nécessairement rester indéterminé;

Mais attendu que la loi du 3 juillet 1877 n'a pas organisé les choses ainsi; que l'article 3, qui donne à l'autorité militaire le droit de réquisitionner, lui impose en même temps l'obligation de délivrer un reçu de la prestation fournie; que le reçu suppose la délivrance, et que l'Etat ne devient propriétaire que par l'entrée en possession régulièrement effectuée; qu'ainsi l'ordre de réquisition, agissant comme une saisie, frappe la chose d'indisponibilité, tandis que la délivrance en procure la possession à l'Etat et le rend propriétaire;

Attendu que la nécessité d'une tradition matérielle de l'objet réquisitionné est établie dans l'intérêt des deux parties; d'abord dans l'intérêt de l'exproprié, puisqu'il obtient, en échange de sa prestation, le reçu, c'est-à-dire le titre qui lui permettra de faire valoir son droit à une indemnité; ensuite, dans l'intérêt non moins respectable de l'autorité militaire, qui aura le loisir de procéder à une vérification sérieuse de la marchandise avant de la prendre en charge;

Attendu qu'au moment où les 75 balles de velours ont été réquisitionnées en gare de Toulouse, il était difficile, sinon impossible de procéder à une vérification utile; que cette vérification n'aurait pu se faire qu'au moment de la livraison et que jusque-là l'Etat, n'étant pas encore propriétaire, pouvait refuser la marchandise, s'il estimait qu'elle ne répondait pas aux besoins de l'armée;

Attendu que, dans l'espèce actuelle, la réquisition avait porté sur des velours de teinte marron et qu'à une date postérieure à la réquisition, l'autorité militaire décida, dans l'intérêt supérieur de la défense nationale, d'employer, pour l'uniforme des troupes, la teinte bleu horizon;

Que, dans ces conditions, les velours réquisitionnés ne pouvaient plus servir à l'usage auquel ils étaient destinés, et que, la transmission de la propriété n'étant pas encore opérée, l'Intendance avait la faculté de les refuser;

Attendu, il est vrai, que Daydé peut se plaindre d'avoir été privé, pendant quelques jours, de la libre disposition de sa marchandise; mais que l'autorité militaire ne se refuse pas à l'indemniser du préjudice qu'il peut avoir subi de ce chef; qu'il y a lieu, sur ce point, de renvoyer les parties à se pourvoir conformément aux dispositions des articles 24 et suivants de la loi de 1877 et de l'article 44 du décret du 2 août suivant, qui déclarent qu'une commission spéciale devra donner son avis sur toutes les difficultés auxquelles pourra donner lieu le règlement des indemnités;

Par ces motifs :

La Cour, le ministère public entendu, jugeant publiquement, après en avoir délibéré, vidant le renvoi au conseil,

Réformant le jugement rendu par le tribunal civil de Toulouse, à la date du 10 février 1916;

Dit que l'ordre de réquisition prévu par la loi du 3 juillet 1877 est insuffisant pour opérer, à lui seul, le transfert de la propriété;

Dit que le transfert ne s'opère qu'au moment de la délivrance

et par la tradition de la chose réquisitionnée accompagnée de la
remise d'un reçu;

Dit que, tant qu'il n'est pas devenu propriétaire, l'Etat est libre
de donner main-levée de sa réquisition, sauf à payer une indemnité à raison de l'immobilisation de la marchandise entre les
mains de celui qui la détient;

Donne acte au Ministre de la guerre de l'offre par lui faite
de payer à Daydé une indemnité de 900 francs, et demeurant le
refus de ce dernier d'accepter cette offre, renvoie les parties à
se pourvoir conformément à la loi;

Moyennant ce, déclare la demande de Daydé mal fondée, et
la rejette;

Le condamne aux dépens de première instance et d'appel.

COUR D'APPEL DE MONTPELLIER.

Audience du 24 juillet 1916.

Affaire : Ministre de la guerre contre Bernard.

---

*Réquisition d'automobiles. — Pouvoirs de la commission mixte
(loi du 22 juillet 1909). — Exclusion de la compétence des tribunaux. — Irrecevabilité.*

Attendu que la loi du 22 juillet 1909 a édicté, pour les recense-
ments, classement et réquisition des voitures automobiles, des
dispositions identiques à celles contenues dans le titre 8 de la
loi du 3 juillet 1877 et du décret du 2 août 1877, sur les chevaux, mulets et voitures à traction animale; que dès le temps de
paix tous ces véhicules et animaux, qui peuvent devenir, le cas
échéant, nécessaires pour compléter les effectifs des armées, sont
recensés et classés suivant des catégories auxquelles sont attri-
buées des prix fixés par le budget de l'année; que ce classement
par catégories, qui constitue une évaluation automatique, est
confié aux soins d'une commission mixte spécialement désignée
à cet effet; qu'avant les récentes modifications apportées à la loi
du 22 juillet 1909, cette commission n'avait que dans des cas
exceptionnels le pouvoir de modifier le prix budgétaire, mais
seulement pour le majorer dans une proportion qui ne pouvait
pas dépasser un quart;

Attendu que cette étroite limitation des droits de la commission mixte avait pour corollaire son entière indépendance au regard des juridictions de l'ordre judiciaire, auprès desquelles ses décisions étaient sans appel; qu'on en trouve la preuve, d'une part dans l'article 49 de la loi du 3 juillet 1877 et dans l'article 12 de la loi du 22 juillet 1909, qui disposent l'un et l'autre, dans les mêmes termes, que les prix desdits véhicules et animaux sont déterminés à l'avance et fixés d'une manière absolue; et, d'autre part, dans l'article 15 de la loi du 22 juillet 1909 qui, reproduisant textuellement l'article 96 du décret du 2 août 1877, ajoute : « Les commissions mixtes statuent définitivement sur les réclamations ou excuses qui peuvent être présentées par les propriétaires, etc... »;

Attendu qu'à la vérité, après avoir affirmé d'une façon si formelle son intention d'enlever aux tribunaux de l'ordre judiciaire toute compétence dans l'évaluation et la fixation des indemnités afférentes aux réquisitions de cette nature, le législateur s'est ravisé, dans la loi du 26 décembre 1914, dont l'article 17 accorde aux propriétaires intéressés la faculté de se pourvoir devant la juridiction civile contre les évaluations faites par les commissions mixtes; mais que ce retour au droit commun ne lui a été suggéré qu'à raison de l'extension de pouvoir qu'il donnait, dans le même texte, aux commissions mixtes, en leur permettant d'abaisser le taux des indemnités au-dessous du prix budgétaire; qu'on lit, en effet, dans l'exposé des motifs de la loi de 1914 à la Chambre des députés : « On ne saurait équitablement ouvrir le droit de réduction du prix budgétaire sans donner aux propriétaires des automobiles réquisitionnées une garantie consistant dans un droit d'appel contre les prix proposés par les commissions, après leur rectification par l'autorité, si les intéressés se considèrent comme lésés »;

Attendu que le motif, si clairement exprimé, de cette nouvelle rédaction confirme, une fois de plus, la pensée du législateur de 1877 et 1909 telle qu'elle se dégage des textes visés plus haut, et montre en même temps que les dispositions de l'article 17 de la loi du 26 décembre 1914 n'ont pas un caractère impératif, et que tout effet rétroactif doit leur être refusé;

Attendu, en fait, que l'autorité militaire ayant réquisitionné, le 5 août 1914, la voiture automobile de M. Bernard, a offert à celui-ci la somme de 8.000 francs, fixée par la commission mixte instituée conformément à la loi du 22 juillet 1909; mais que Bernard a refusé cette offre comme insuffisante, et a assigné l'Etat en paiement d'une somme de 12.200 francs, à titre d'indemnité pour la privation de sa voiture automobile;

Attendu qu'à la date de la réquisition, la loi du 22 juillet 1909, non encore modifiée par celle du 26 décembre 1914, excluait la compétence des tribunaux de l'ordre judiciaire dans les contestations relatives au règlement des indemnités dues aux propriétaires d'automobiles réquisitionnées; que, par suite, la demande du sieur Bernard n'est pas recevable,

Par ces motifs :

La Cour, ouï M. l'avocat général Liénard en ses conclusions verbales et motivées,

Infirme le jugement dont est appel;

Déclare irrecevable la demande formée par le sieur Bernard;

Condamne en tous les dépens tant de première instance et d'appel le sieur Bernard, qui succombe dans ses prétentions.

COUR D'APPEL D'AGEN.

Audience du 31 juillet 1916.

Affaire : Ministre de la guerre contre époux Tissié.

Réquisitions de porcs (loi du 3 juillet 1877, art. 2). — Détermination de la valeur. — Prix de revient. — Exclusion des mercuriales.

Sur la fin de non recevoir :

Attendu qu'en matière de réquisitions militaires, l'article 26 de la loi du 3 juillet 1877 pose en règle que : « le juge de paix statue en dernier ressort, jusqu'à une valeur de 200 francs inclusivement, et, en premier ressort, jusqu'à 1.500 francs inclusivement; au-dessus de ce chiffre, l'affaire sera portée devant le tribunal de première instance »;

Attendu, en ce qui concerne le tribunal de première instance, qu'il n'y avait pas à faire la distinction du premier et du dernier ressort, puisque les seuls litiges portant sur les réquisitions qui lui soient directement soumis sont ceux dont l'importance dépasse la valeur de 1.500 francs et que, suivant le droit commun, ce chiffre est la limite de sa compétence en dernier ressort (art. 1er de la loi du 11 avril 1838); qu'il faut donc en conclure que, dans cette matière spéciale, le tribunal de première instance ne juge jamais en dernier ressort et que toutes ses décisions sont susceptibles d'appel;

Attendu que prétendre, au contraire, ainsi que le font les époux Tissié, que le tribunal de première instance juge toujours, en ladite matière, en dernier ressort, c'est violer la loi ainsi que tous les principes du droit d'appel; que, conséquence choquante et inadmissible, si la thèse des époux Tissié était fondée, l'appel, recours du droit commun, sauf des exceptions étroitement déterminées, serait réservé aux seules affaires d'importance moindre, tandis que celles d'importance considérable en seraient privées; que, d'autre part, le règlement des petites indemnités à partir de 1.500 francs et au-dessous serait moins rapide et comporterait plus de garanties que les indemnités plus importantes, celles de la valeur de 1.500 francs et au-dessus;

Attendu que la demande des époux Tissié est supérieure à la valeur de 1.500 francs, atteignant le chiffre de 14.251 fr. 68;

En droit :

Attendu que la loi du 3 juillet 1877, après avoir édicté, dans son article 1er, l'obligation incombant aux nationaux de fournir les prestations nécessaires, pour suppléer à l'insuffisance des moyens ordinaires d'approvisionnement de l'armée, dispose, dans son article 2, que « toutes les prestations donnent un droit à des indemnités représentatives de leur valeur »;

Attendu que, le litige actuel portant sur l'étendue de l'indemnité prévue, il convient de la déterminer au moyen de l'examen du texte lui-même, ainsi que des indications fournies au cours des travaux législatifs d'où la loi est issue;

Attendu que la loi du 3 juillet 1877 a fait l'objet, lors de son élaboration au sein du Parlement, de deux rapports : celui du baron Reille à la Chambre des députés et, au Sénat, celui du colonel de Bastard; que, si ce dernier n'apporte aucune indication dont le rapprochement avec le texte de l'article 2 puisse servir à préciser et à caractériser la portée de ces expressions « indemnité représentative de leur valeur », il en est autrement du rapport du baron Reille; qu'il y a lieu de remarquer que le travail de ce député présente, dans l'examen soumis à la Cour, le plus vif intérêt, alors surtout, — circonstance à mettre en évidence, — que, soit devant la Chambre des députés, dans la séance du 21 février 1877, soit devant le Sénat, dans celle du 16 juin de la même année, l'article 2 a été adopté, sans soulever au sujet de son texte aucune discussion; qu'ainsi l'appréciation de la portée de la loi dans la discussion pendante relève uniquement, et à l'exclusion de tout autre élément directeur d'information, de son texte même rapproché et éclairé des commentaires de celui qui fut son unique et très autorisé interprète;

Attendu qu'en divers passages de son exposé, le rapporteur à la Chambre émet textuellement les propositions ci-après : « La loi doit assurer aux citoyens la rémunération de ce qu'ils ont fourni, afin que les charges sociales entraînées par la défense de la patrie soient également réparties entre tous. — L'article 2 de la loi a déclaré que toute réquisition donne droit à une indemnité représentative de sa valeur. Ce principe avait bien été jusqu'à présent moralement admis et, toutes les fois que les circonstances ont obligé de recourir à des réquisitions, on a reconnu en droit que les citoyens devaient être dédommagés de la perte qui leur avait été occasionnée. — Le principe de l'indemnité n'est rien si l'on n'arrive, dans l'exécution, à la rendre prompte et équitable et à garantir ainsi les populations de toute perte provenant de l'appel fait à leur patriotisme pour les besoins de l'armée. — Le devoir auquel obéit le citoyen en se dépouillant pour une nécessité d'ordre supérieur d'une portion de sa propriété lui constitue envers la société un droit de dédommagement absolu »;

Attendu que les propositions ci-dessus et parmi lesquelles figurent, tels quels, ces termes « indemnité représentative de sa valeur » sont pleinement démonstratives des intentions mûrement réfléchies du législateur qui, étant données les conjonctures les plus graves au sujet desquelles il légiférait, a jugé qu'il était dans l'ordre des choses possibles que le prestataire fût exposé, du fait de la réquisition, à un certain préjudice et qu'il y avait nécessité à ce qu'il en fût dédommagé par une certaine réparation;

Attendu que ces expressions elles-mêmes, relevées sur le rapport et visant la situation du prestataire « soumise aux charges sociales, se dépouillant pour une nécessité d'ordre supérieur d'une partie de sa propriété et au patriotisme duquel il est fait appel » impliquent nécessairement que l'exercice, au nom de l'Etat, du droit de réquisition est susceptible d'imposer à l'assujetti un sacrifice, de lui causer un préjudice l'affectant dans sa fortune et dans ses biens; que de cette conception de sacrifice imposé découlent des conséquences de la plus haute portée dans le débat actuel;

Attendu, en vérité, qu'il ne pouvait en être autrement; que les pouvoirs publics eussent été coupables de rester indifférents devant les éventualités imminentes ouvertes, dès la mobilisation, ainsi que leurs inévitables répercussions sur la tenue économique du pays et les finances de la nation; que c'eût été imprévoyance suprême de permettre qu'alors que quelques-uns allaient cruellement en souffrir au plus intime de leurs intérêts matériels ou familiaux, d'autres pussent en tirer profit à la suite de l'etablissement de fâcheux cours de marchandises, cours faussés par la spéculation, par la raréfaction des denrées et autres objets susceptibles d'être réquisitionnés, par le jeu lui-même des réquisitions militaires; que le législateur ne pouvait tolérer que l'Etat restât exposé à supporter lui-même des dépenses si extraordinaires et pour ainsi dire un gaspillage de ses forces financières en déboursant, pour satisfaire aux exigences de ses approvisionnements, d'énormes et toujours croissantes majorations de prix; que, sous l'inspiration de ces pressantes et inéluctables considérations, il a été décidé, autant par équité que par prudence, que les prestataires ne recevraient, suivant les termes plusieurs fois employés par le rapporteur de la Chambre, qu'une rémunération, un dédommagement, une indemnité destinés à les garantir de toute perte; que le dédommagement, le « dédommagement absolu » doit être ainsi évalué en proportion du préjudice, sans qu'il puisse, en aucun cas, être alloué comme correspondant à un quelconque élément de gain, ou manque à gagner;

Attendu que c'est, par là, l'introduction dans la loi du taux, seul raisonnable, du prix de revient, qui, à l'exclusion de celui du prix commercial, constitue le fondement et la mesure de l'indemnité;

Attendu, en effet, ainsi qu'il vient d'être démontré, que le système de la loi, si nettement caractérisé par le baron Reille, suppose inévitablement, en prévision d'une réparation à définir, une perte corrélative éprouvée par le prestataire, du fait de l'exercice de la réquisition; qu'étant tel le point de départ, il en résulte, par l'effet d'un raisonnement d'apparence irréfutable, qu'il va de soi d'écarter, dans le cadre d'application de l'article 2, l'étalon de la valeur commerciale, ledit étalon de valeur étant, en thèse générale, impuissant à engendrer une perte quelconque, du moment où il imposerait à l'Intendance le taux le plus élevé des deux; — que, — il faut le mettre en relief, — le taux commercial, excluant la possibilité de toute perte, n'a pu être envisagé comme le taux de réparation qu'organise l'article 2;

Attendu qu'il était de la plus élémentaire facilité que, dans le cas où il eût entendu faire prévaloir le taux de la valeur commerciale, le législateur eût inséré dans l'article 2 des précisions en conséquence, par exemple, en libellant en ces termes la règle édictée : « toutes les prestations donnent droit à des indemnités représentatives de leur valeur totale au jour de la réquisition »; qu'il en va tout autrement, le mot valeur restant avec un sens non défini et partant inopposable;

Attendu que la signification et la portée des expressions « taux du prix de revient » se dégagent de cette formule elle-même; que le prix de revient est constitué par la conception de la valeur de l'objet à son origine ou à son entrée dans le patrimoine du prestataire, grossie, par la consequence des dépenses et soins correspondants, de l'universalité des valeurs qui, par accession continue, pour ainsi dire, sont venues s'incorporer à la chose objet de la réquisition; que le prix de revient comprend principalement l'universalité des dépenses imposées au propriétaire de la chose pour l'introduire ou la conserver dans son patrimoine, jusqu'au jour de sa dépossession par nécessité d'Etat;

Attendu, toutefois, que l'indemnité basée sur le prix de revient peut n'être pas intangible; qu'il en peut être ainsi lorsque, par exemple, des accidents, détériorations ou telles autres causes de dépréciation sont venus diminuer la valeur de l'objet de la prestation, état de chose qui devrait, sans doute, entrer en ligne de compte pour amender la valeur du prix de revient, dans l'application de l'article 2;

Attendu que l'indemnité représentative de la valeur doit s'entendre du dédommagement le plus absolu, suivant l'énergique indication donnée par le baron Reille; qu'il s'ensuit que sa fixation numérique par les commissions d'évaluation et l'Intendance doit être le résultat de la plus large appréciation devant dépasser plutôt la valeur envisagée que rester en deçà; que, si l'on admet que l'indemnité offerte puisse constituer comme un léger bénéfice à l'avantage du prestataire, elle ne saurait, en aucun cas, laisser subsister le moindre élément de dommage;

Attendu que, suivant les espèces, c'est tâche extrêmement malaisée que de préciser la valeur du prix de revient, mais que, des mesures de sauvegarde organisées à cet effet, il ressort que le législateur n'a pas manqué de s'en rendre compte; que les manœuvres de toute invention, inspirées par l'esprit de lucre, les entreprises de la mauvaise foi, des collusions même, sont prévues comme susceptibles de s'exercer vers l'octroi d'une indemnité supérieure à l'indemnité réellement due; qu'en définitive, les tribunaux de tous ordres, armés de leurs multiples moyens d'investigation et même des recours aux sanctions pénales dans les cas d'escroquerie ou de tentative de ce délit, sont appelés à exercer une action efficace; qu'il est à noter, d'autre part, que la position au contentieux du réclamant en indemnité étant celle de demandeur, c'est à lui qu'il appartiendra d'établir, en conformité des règles du droit commun, l'insuffisance des indemnités offertes;

Attendu, cela posé, qu'il importe peu de rechercher si, dans le mécanisme des réquisitions militaires, il convient de voir comme une sorte de vente, d'expropriation pour cause d'utilité publique, d'impôt; qu'il y a lieu, pour l'instant qui est pressant, de rechercher ce qu'il faut voir dans la loi, plutôt que ce qui devrait y être introduit; qu'enfin, la législation en la matière ne doit être séparée ni de son milieu, ni de son but, son fonctionnement devant s'adapter à sa raison d'être;

En fait :

Attendu qu'à la date du 20 janvier dernier, l'Intendance militaire, profitant d'importants arrivages effectués à Marmande, à l'occasion de la foire, réquisitionnait sur les époux Tissié 54 porcs, représentant un poids total de 6.598 kilogrammes; qu'elle offrait, à titre d'indemnité, la somme de 9.562 fr. 10; que l'offre ne fut pas acceptée; qu'après une tentative de conciliation restée infructueuse, les époux Tissié portèrent le litige devant le tribunal de Marmande;

Attendu que, dans le dernier état de leurs conclusions devant le tribunal, les prétentions des parties étaient celles-ci : des époux Tissié à l'allocation de la somme de 14.151 fr. 68, l'Intendance s'en tenant à ses offres premières;

Attendu que le tribunal, ayant décidé qu'il convenait, en vue de la détermination de l'indemnité due aux termes de la loi du 3 juillet 1877 — indemnité représentative de la valeur des animaux réquisitionnés — de s'en référer au taux de la valeur commerciale, fixait cette indemnité à la somme de 13.723 fr. 48; que la partie demanderesse, à l'effet de fixer la quotité de son dû, avait invoqué trois mercuriales parues dans le journal *La France*, de Bordeaux — deux dans le numéro du 20 janvier et une dans celui du 23 du même mois — ainsi qu'un bordereau de vente émanant d'un charcutier de Tonneins et mentionnant que les porcs par lui livrés à plusieurs clients lui avaient été, le 17 janvier, payés à raison de 102 à 108 francs les 50 kilogrammes; que le tribunal a jugé, en se fondant à l'exclusion de tous autres, sur lesdits documents;

Attendu que l'Intendance a interjeté appel de cette décision rendue le 11 mai 1916;

Attendu que la Cour décidant, sur cet appel, ainsi qu'il vient d'être dit, que c'est le taux du prix de revient qu'il convient d'appliquer à l'espèce, il y a lieu de reviser, quant au chiffre de l'indemnité, la décision des premiers juges;

Mais attendu que le calcul par les mercuriales étant écarté, en raison de leur inapplicabilité et de leur défaut de caractère probant, et la plupart des autres éléments de preuve faisant défaut, il appartient à la Cour d'ordonner d'office une expertise à l'effet de fixer le prix de revient, seul dû aux prestataires; qu'à cet égard, l'expert doit être chargé de la mission de rechercher les éléments propres de ce prix de revient, obtenu et par le prix d'achat des porcs réquisitionnés et par toutes les dépenses qui s'en sont suivies jusqu'au moment de leur livraison à l'Intendance : frais de voyage, de nourriture, de garde, etc., etc.

Attendu qu'il sera statué par la Cour sur l'autre point litigieux — celui qui intéresse le point de départ des intérêts — lorsque le procès sera rappelé au fond devant elle;

Par ces motifs :

La Cour, ouï les avocats et avoués des parties, ensemble M. Toulouse, substitut du procureur général, après en avoir délibéré, jugeant publiquement,

Reçoit en la forme l'appel de M. le Sous-intendant militaire Simon, en la qualité qu'il agit;

Rejette comme mal fondée la fin de non-recevoir proposée par les époux Tissié;

Au fond :

Dit qu'à l'effet de déterminer l'indemnité due à ceux-ci, il convient de faire application du taux du prix de revient à l'exclusion de celui du prix commercial;

Nomme d'office, en qualité d'expert, M. Groulade, ancien notaire, domicilié à Agen, étant réservée aux parties la faculté de s'entendre sur un autre nom, lequel expert, à moins qu'il n'en soit dispensé par toutes parties, après serment préalablement prêté devant le président de la chambre saisie de l'appel ou devant son dévolutaire légal, aura pour mission :

De rechercher quel a été le prix de revient des 54 porcs réquisitionnés le 19 janvier dernier sur les époux Tissié;

De déterminer, à ces fins, le montant du prix d'achat portant sur ces animaux, et toutes les dépenses auxquelles les prestataires ont dû faire face depuis l'achat jusqu'au moment de leur livraison à l'Intendance : frais de voyage, de nourriture, de garde, etc., etc...;

De dresser de ses investigations et de leurs résultats un rapport dont la minute sera déposée au greffe de la Cour et sur lequel il sera par les parties conclu et par la Cour statué ce qu'il appartiendra;

Dit qu'en cas de refus ou d'empêchement de l'expert, il sera pourvu à son remplacement sur simple requête;

Réserve sa décision sur le point de départ des intérêts de l'indemnité allouée;

Déboute toutes parties de leurs autres demandes, fins et conclusions;

Réserve l'amende et les dépenses jusqu'en fin de cause..

TRIBUNAL CIVIL DU MANS.

Audience du 16 juillet 1915.

Affaire : Chartier contre Ministre de la guerre.

Réquisitions de blé (loi du 3 juillet 1877, art. 2). — Détermination de l'indemnité. — Valeur représentative de la prestation. — Prix de revient. — Exclusion du bénéfice commercial.

Le Tribunal,

Attendu que M. le Ministre de la guerre, poursuites et diligences de M. le sous-intendant, est appelant d'un jugement de M. le juge de paix du canton d'Ecommoy, du 16 mars 1915, qui a condamné l'Etat, en la personne dudit sous-intendant, à payer à Chartier la somme de 600 francs, pour fourniture, à raison de 30 francs le quintal, de 20 quintaux de blé, effectuée le 30 janvier dernier, au centre de réception d'Ecommoy, sur réquisition régulière et en vue du ravitaillement de l'armée;

Attendu que l'appelant soutient qu'en statuant ainsi M. le juge de paix a faussement appliqué l'article 2 de la loi du 3 juillet 1877 et alloué à Chartier une indemnité supérieure à celle qui lui était due, en basant le chiffre sur le taux de 30 francs le quintal; que ce taux doit être réduit au chiffre de 27 francs le quintal, représentant largement le prix de revient d'un quintal de blé et que, par suite, il offre de payer à Chartier la prestation par lui fournie, à raison de 27 francs le quintal;

- Attendu qu'aux termes de l'article 2 de la loi susvisée, les prestations fournies par réquisition ne donnent droit qu'à une indemnité représentative de leur valeur et exclusive de tout bénéfice; que cette valeur ne doit, en conséquence, représenter que le prix de revient, pour le producteur, et, pour le détenteur, le prix d'achat, et qu'en aucun cas elle ne saurait être basée sur les mercuriales et les cours du commerce, cours comprenant toujours une part de bénéfice;

Attendu qu'en ce qui concerne les céréales, si leur prix de revient au cultivateur est essentiellement variable et dépend de circonstances diverses résultant notamment de la nature et de la qualité du sol, du prix de la main-d'œuvre, et ne peut être identique absolument dans toutes les régions, il est notoire et ne peut être sérieusement discuté que, pour la région d'Ecommoy, le prix de 27 francs le quintal représente largement la valeur du quintal de blé, et que la somme offerte pour payer à Chartier la prestation par lui fournie, à raison de 27 francs le quintal, est suffisante et représente, ainsi que le prétend M. le Ministre de la guerre, l'indemnité qui lui est due,

Par ces motifs :

Dit qu'il a été mal jugé et bien appelé;

Infirme le jugement de M. le juge de paix du canton d'Ecommoy du 16 mars 1915;

Donne acte à M. le Ministre de la guerre ès qualités de ce qu'il offre de payer à Chartier la prestation par lui fournie sur réquisition, à raison de 27 francs le quintal, soit la somme de 540 francs pour 20 quintaux de blé; déclare cette offre libératoire; la valide; condamne, en tant que de besoin, M. le Ministre de la guerre à payer cette somme;

Condamne Chartier aux dépens tant de première instance que d'appel.

TRIBUNAL CIVIL DE BESANÇON.

Audience du 20 avril 1916.

Affaire : Ministre de la guerre contre Equoy.

Réquisition d'avoine (loi du 3 juillet 1877, art. 2). — Détermination de la valeur. — Prix de revient. — Exclusion du bénéfice commercial.

Attendu que le tribunal est régulièrement saisi de la question de savoir à quels prix doivent être payés, par l'Intendance militaire, les 284 quintaux métriques d'avoine et les 50 sacs qu'elle a réquisitionnés, le 9 mai dernier, sur le demandeur, négociant en grains;

Que ce prestataire prétend que son avoine doit être évaluée à 29 fr. 70 le quintal, et ses sacs à 1 fr. 75 pièce, alors que le Service de l'intendance estime que 24 à 25 francs par quintal d'avoine, et 0 fr. 50 par sac constituent une juste rémunération de la prestation fournie;

Quant à l'avoine :

Attendu qu'il résulte des termes de la note confidentielle adressée le 29 avril 1915, par la Commission centrale des réquisitions du ministère de la guerre, au Service de l'intendance de la 7e région, que les prix *maxima* à appliquer dans le département du Doubs pour les réquisitions d'avoine, à cette époque, étaient, savoir : pour l'avoine blanche, 24 francs le quintal, et pour l'avoine grise et noire, 25 francs;

Qu'il est en outre justifié, par les documents versés aux débats, que, durant cette même période, les acquisitions d'avoine étaient habituellement, dans la région, obtenues de la part des cultivateurs par les négociants en grains au prix maximum de 24 francs le quintal; qu'à Trepot, ce prix ne dépassait pas 21 francs le quintal;

Que le prix auquel Equoy, commerçant expérimenté et adroit, a pu se procurer le stock d'avoine qu'il détenait, a dû être certainement inférieur à 24 francs;

Qu'il importe peu qu'il ait, aux dates des 28 et 30 avril 1915, passé avec le Service des subsistances militaires des marchés de livraisons pour 220 quintaux d'avoine, au prix de 29 fr. 875 et de 30 francs le quintal; qu'il s'agissait là, en effet, de contrats commerciaux dont Equoy pourrait légitimement prétendre tirer le plus large bénéfice possible;

Qu'au contraire, en matière de réquisition, il n'a droit qu'à une indemnité représentative de la valeur exacte de l'objet de la prestation, estimée d'après le prix de revient augmenté de la quote-part des frais généraux afférente à la chose réquisitionnée, mais à l'exclusion de toute espèce de bénéfice;

Attendu, à la vérité, que les prix fixés par le Ministre de la guerre, après avis des commissions d'évaluation compétentes, ne lient pas le tribunal; qu'on ne saurait toutefois leur dénier une réelle autorité;

Qu'en l'espèce, ils ont paru équitables au demandeur, puisque, si l'on s'en rapporte à un état A, arrêté par le maire de Mamirolles le 25 mai 1915, et versé sans protestation aux débats, on constate, dans la colonne des indemnités réclamées par l'unique prestataire de la commune (le sieur Equoy lui-même), qu'il consentait alors à accepter les prix arrêtés par le Ministre pour les achats à caisse ouverte, soit 25 francs pour l'avoine blanche, et 26 francs pour l'avoine noire;

Attendu qu'il est constant que tous les habitants de Mamirolles acceptèrent le prix ministériel, ce qui permit de réaliser l'acquisition par voie amiable de 1.700 quintaux métriques d'avoine, moyennant 24 francs le quintal pour l'avoine blanche, et 25 francs pour l'avoine grise ou noire;

Attendu que ce tarif doit être appliqué à Equoy; que toutefois, ce dernier n'étant pas cultivateur et producteur, il convient de lui tenir compte des frais généraux qu'il a supportés pour se procurer lui-même l'avoine qu'il a dû fournir; qu'il paraît équitable d'évaluer à 1 franc le quintal les frais supplémentaires dont s'agit, et de fixer à 25 et 26 francs les prix de l'avoine livrée, ce qui, pour 273 quintaux métriques d'avoine blanche à 25 francs l'un, donne un chiffre de 6.825 francs, et, pour 11 quintaux métriques d'avoine noire à 26 francs l'un, 226 francs, soit, au total, 7.111 francs;

Quant au prix des sacs :

Attendu qu'il résulte des documents versés aux débats que le prix des sacs, signalé par le maire de Mamirolles comme étant de qualité « passable », peut être équitablement fixé à 1 franc l'un; que, de ce chef, la créance du demandeur s'élève en conséquence à 50 francs;

Qu'ainsi, la somme totale due à Equoy est de 7.161 francs;

Qu'il résulte de ce calcul que l'offre de 6.859 fr. 09 formulée par le défendeur est insuffisante et ne saurait l'exonérer des autres dépens;

Par ces motifs :

Le Tribunal fixe à 7.161 francs la créance totale d'Equoy sur le défendeur;

En conséquence, déclare insuffisantes les offres formulées par celui-ci;

Condamne ce dernier à verser au demandeur, avec intérêts de droit, la somme de 7.161 francs, pour fourniture d'avoine et de sacs; le condamne en outre à tous les dépens.

TRIBUNAL CIVIL D'ALBI.

Audience du 17 mai 1916.

Affaire : Ministre de la guerre contre Gibert.

Réquisition d'équipements (loi du 3 juillet 1877, art. 2). — Détermination de la valeur. — Prix de revient. — Exclusion du bénéfice commercial.

Attendu que, par exploit du 10 mars 1915, Berthe Durand, veuve François Gibert, a fait assigner, après un vain essai de conciliation, le défendeur, ès qualité, devant le tribunal, pour s'y entendre condamner à lui payer la somme de 14.883 fr. 09, montant de diverses fournitures par elle faites à l'Administration de la guerre du 1er septembre 1914 au 20 octobre suivant, en vertu de réquisitions militaires, avec les intérêts légitimement dus et les dépens de l'instance;

Attendu que les marchandises livrées ont consisté en fournitures d'équipements, croûtes pour jambières, bandes échantillonnées sans têtes ni pattes, bandes demi-façon, bandes cuir jaune et surtout dossets; que, sur les quantités livrées, aucune contestation n'a été soulevée, et que la seule difficulté porte sur les prix unitaires attribués à chacune de ces fournitures; qu'au total, la différence entre la somme de 14.883 fr. 09 demandée par la dame François Gibert et la somme de 12.796 fr. 78 offerte par l'Administration de l'armée est de 2.086 fr. 31;

Attendu qu'à l'audience du 27 octobre 1915, le défendeur, ès qualité, a soutenu que cette différence provenait de ce que la dame François Gibert demandait un prix beaucoup trop élevé des marchandises réquisitionnées; qu'ayant renouvelé l'offre de la somme de 12.796 fr. 78, il a conclu à ce que cette offre fût déclarée suffisante et libératoire;

Attendu qu'avant de statuer au fond, le tribunal a rendu, le même jour, un jugement ordonnant une expertise, nommant comme expert M. Espy, qui, ayant été empêché, a été remplacé, en vertu d'une ordonnance du 8 décembre 1915, par M. Etienne Lupy, avec un mandat déterminé dans ledit jugement;

Attendu que cet expert a dressé un premier rapport le 26 janvier 1916 et un rapport supplémentaire le 11 avril 1916; que la cause étant en état, il y a lieu de statuer sur les prétentions des parties;

Attendu, en droit, qu'il est de principe qu'en matière de réquisition les prestataires n'ont droit qu'au remboursement de la valeur exacte des fournitures par eux faites, sans qu'il y ait lieu de leur attribuer une somme complémentaire représentant le bénéfice commercial; que, par la valeur exacte des fournitures, il faut entendre les prix de revient de ces articles résultant des factures des fournisseurs, augmentés des droits d'octroi, frais de transport et de camionnage et frais généraux du commerce;

Attendu qu'il appartient au tribunal de fixer l'indemnité due aux prestataires en vertu de ce principe que la réquisition n'est pas un marché de fournitures, mais bien une sorte d'expropriation dans l'intérêt supérieur de la défense nationale; que cette indemnité doit correspondre, par conséquent, au préjudice réellement subi, c'est-à-dire au prix de revient augmenté d'une quote-part des frais généraux, et ne jamais constituer pour le prestataire une source de bénéfice, si infime soit-il, au préjudice du Trésor public;

Attendu qu'en parlant de réquisition, la loi n'entend pas parler d'un « acte de vente », et que la prestation ne saurait être assimilée à un achat, non plus que l'indemnité à un prix librement consenti : l'Etat n'achète pas, il réquisitionne et sa réquisition n'admet ni refus ni résistance; celui qui livre n'est pas un vendeur mais un prestataire, ce qu'il reçoit en retour n'est pas un prix, mais bien une indemnité;

Attendu, en fait, que si l'expert, dans son rapport, fixe le prix de revient des marchandises livrées à 6 francs, chiffre qui comprend le prix d'achat de la matière première, coût de la fabrication et main-d'œuvre, frais généraux et intérêts du capital, il ajoute à ce prix de revient un bénéfice industriel de 10 p. 100;

Attendu que cette évaluation est contraire aux principes ci-dessus énoncés; que le prix de revient ne saurait comporter aucun bénéfice commercial et industriel, et qu'ainsi la demande-resse ne peut prétendre à l'allocation de ce bénéfice industriel;

Attendu que, se basant sur les termes d'une circulaire ministérielle du 11 août 1914, l'expert applique au prix de revient une nouvelle majoration de 12 p. 100;

Attendu que le tribunal ne saurait admettre cette évaluation, qui est en contradiction avec les principes sanctionnés par la jurisprudence; que le prix de revient de 6 francs, tel qu'il est établi par l'expert, indemnise le prestataire de toutes pertes sans lui attribuer aucun gain;

Qu'on ne saurait s'expliquer, dans les circonstances graves que traverse notre pays, cette majoration de 12 p. 100, et pour quel motif l'Etat paierait une majoration qui n'est pas exigée des particuliers; qu'il ne faut pas oublier que la réquisition comporte pour le prestataire une part de sacrifices, et qu'en ce moment tout doit concourir au service de la défense nationale;

Attendu que le tribunal ne peut davantage retenir les conclusions de l'expert, précisant que la demande de la veuve Gibert est conforme, même inférieure au prix payé par l'Administration militaire et par les clients civils et militaires à l'époque où furent faites les fournitures, objet du litige; qu'il ne faut pas, en effet, perdre de vue que ces fournitures ont été livrées à la suite de marchés de gré à gré, et qu'aucune assimilation ne peut être faite entre la réquisition proprement dite et le marché débattu à l'amiable entre parties contractantes;

Attendu, dès lors, que le prix de revient ne peut comporter les deux éléments d'augmentation dont fait état l'expertise, et qu'il y a lieu seulement de retenir le chiffre de 6 francs, exclusif de ces deux majorations;

Mais attendu qu'il résulte du rapport de l'expert que les fournitures livrées par la demanderesse à l'Administration de la guerre sont d'une fabrication supérieure; que l'usine de la dame François Gibert pratiquait uniquement le tannage lent à l'écorce de chêne, à l'exclusion de tout tannage rapide, même de tout tannage mixte; que cette fabrication exigeait seize mois de préparation, et qu'il résultait de ce procédé des cuirs très souples, très solides, très légers, d'une valeur incontestablement supérieure aux cuirs sortis d'un tannage rapide, qui sont lourds et cassants; qu'il s'ensuit que le prix des cuirs à tannage lent est nécessairement supérieur au prix des autres cuirs; qu'il est établi qu'en septembre-octobre 1914, la demanderesse n'avait dans son usine que des cuirs à tannage lent et n'a pu en livrer d'autres;

Attendu que ces constatations doivent être prises en considération, et qu'elles sont de nature à justifier dans une certaine mesure la demande de la dame François Gibert;

Attendu que, si cette demande paraît toutefois exagérée dans son ensemble, il n'est pas moins certain que les offres faites par l'Administration de la guerre à la barre du tribunal sont insuffisantes et doivent être majorées;

Attendu que le tribunal puise en la cause des éléments suffisants pour évaluer le taux de cette majoration qui devra être payée par le défendeur, ès qualité;

Attendu, en ce qui concerne les dépens, que l'offre faite étant insuffisante et la demande exagérée, il convient de décider qu'ils seront répartis et mis à la charge de chacune des parties dans la proportion qui sera indiquée dans le dispositif du présent jugement;

Par ces motifs :

Le Tribunal, jugeant publiquement, contradictoirement, en matière sommaire et en premier ressort, après en avoir délibéré, vidant le renvoi au conseil,

Prenant droit des rapports dressés en la cause par l'expert Lupy;

Donne acte à l'Administration militaire de ce qu'elle offre à la dame François Gibert la somme de 12.796 fr. 78, mais déclare cette offre insuffisante et non satisfactoire;

Dit que cette somme devra être majorée de celle de 1.200 francs, représentant une valeur d'augmentation en raison de la supériorité de fabrication des fournitures livrées;

Fixe, en conséquence, à 13.996 fr. 78 la somme totale due à la demanderesse par l'Administration de la guerre et représentant le montant desdites fournitures; dit que cette somme sera payée sans délai à la dame François Gibert par le défendeur, ès qualité, avec les intérêts légitimes à dater de la demande;

Dit, toutefois, que la demande initiale, de 14.883 fr. 09 produite par la demanderesse était exagérée;

Démet toutes parties de leurs autres demandes, fins et conclusions.

TRIBUNAL CIVIL DU MANS.

Audience du 7 juin 1916

Affaire : Ministre de la guerre contre veuve David.

Réquisition d'eau-de-vie. — Prix de revient. — Exclusion du bénéfice commercial.

Attendu qu'à la date du 28 août 1914, l'autorité militaire a réquisitionné chez la dame David 30 hectolitres d'eau-de-vie de vin claire et droite en goût, d'un titre non inférieur à 45 degrés;

Que la dame David a livré, du 2 au 6 septembre 1914, 30 hectol. 10 d'eau-de-vie à 45 degrés;

Qu'elle reconnaît que ce produit n'était pas de l'eau-de-vie de vin, mais un mélange d'alcool industriel et d'eau-de-vie de vin;

Attendu que M. le Ministre de la guerre en offre 45 francs par hectolitre, le logement et les droits de régie non compris; que la dame David en demande 75 francs par hectolitre, plus 10 francs pour le logement, soit 85 francs;

Attendu que la dame David n'établit pas, ainsi qu'elle en a la charge, dans quelles proportions et avec quelle qualité d'eau-de-vie de vin le mélange dont il s'agit a été fait;

Attendu que l'Administration militaire dit, en ses premières conclusions, qu'il suffit, pour réduire au minimum les risques des pertes du fournisseur, de prendre les cours les plus élevés des alcools d'industrie et des trois-six du Midi pendant les mois qui ont précédé la réquisition, et d'admettre que le mélange a été fait sur la base de 50 p. 100, et, dans ses dernières conclusions, qu'il ne s'agit là que d'un maximum et, qu'en fait, la quantité d'eau-de-vie de vin entrant dans la composition du produit était de beaucoup inférieure à 50 p. 100 et ne dépassait vraisemblablement pas 10 p. 100;

Attendu que, si la dame David admet la proportion de 50 p. 100, elle prétend que le mélange n'a pas été fait avec du trois-six du Midi, mais avec l'eau-de-vie d'une qualité supérieure, d'une moyenne de 105 fr. 30 l'hectolitre; qu'elle divise ainsi et dénature une offre de discussion qui, dans ces circonstances, ne saurait rester seule aux débats; qu'il convient cependant de l'examiner, mais dans les conditions raisonnables proposées par l'Administration militaire, à savoir que le mélange serait de 50 p. 100 de trois-six du Midi et de 50 p. 100 d'alcool industriel; qu'il y a tout lieu de croire que, pour de l'eau-de-vie ordinaire, la dame David n'a pas employé 50 p. 100 d'eau-de-vie supérieure à du trois-six du Midi, ce qui serait anormal; qu'il lui appartient, d'ailleurs, d'en rapporter la preuve, et qu'elle ne le fait pas;

Attendu que l'Administration militaire prend, pour la valeur de l'hectolitre de trois-six, le cours non contesté de 60 francs les 45 degrés, et, pour la valeur de l'hectolitre d'alcool industriel, le cours de juin 1914 de 42 fr. 75 les 90 degrés; qu'elle y ajoute 5 francs pour frais divers, d'où le prix de 47 fr. 75 pour l'hectolitre d'alcool à 90 degrés et 23 fr. 85 pour l'hectolitre à 45 degrés, ce qui donne 84 fr. 60 pour 2 hectolitres de ce mélange et 42 fr. 30 par hectolitre; que l'Administration militaire en offre le prix maximum de 45 francs;

Attendu que la dame David soutient que ce n'est pas en juin 1914 que l'on doit prendre, en l'espèce, la valeur de l'alcool industriel mais en septembre, c'est-à-dire au moment de la prestation, et qu'à cette époque l'alcool industriel se vendait 60 francs l'hectolitre à 90 degrés, que le prix courant d'une denrée est à déterminer par la loi de l'offre et de la demande;

Mais attendu qu'aux termes de l'article 2 de la loi du 3 juillet 1877, les prestations ne donnent droit qu'à des indemnités représentatives de leur valeur, c'est-à-dire de leur valeur intrinsèque, de leur prix de revient; que ces indemnités sont exclusives de tout bénéfice; qu'on ne saurait prêter au législateur l'intention de les avoir assujetties aux cours commerciaux, exposés comme ils le sont, surtout en temps de guerre, aux spéculations et aux fluctuations; que l'économie même de la loi précitée indique le contraire;

Attendu qu'en juillet 1914, les cours de l'alcool industriel étaient inférieurs à ceux de juin; qu'on ne saurait donc utilement reprocher à l'Administration militaire de s'être arrêtée au cours de juin, qu'en août, les transports de marchandises étaient rendus presque impossibles par les transports militaires; qu'il est hors de doute que les eaux-de-vie et les alcools industriels livrés par la dame David en septembre étaient en magasin avant cette époque; que, dans ces circonstances, il y a lieu d'admettre le cours de 23 fr. 85, frais compris, fixé par l'Administration militaire pour le prix de l'hectolitre d'alcool industriel à 45 degrés;

— Attendu que, par ce mode de discussion, l'Administration

militaire paraît démontrer que ses offres correspondent au maximum de la valeur de l'eau-de-vie fournie par la dame David;

Attendu qu'il est permis aussi à l'Administration militaire de supposer que la quantité d'eau-de-vie entrant dans la composition du produit dont il s'agit était de beaucoup inférieure à 50 p. 100, et ne dépassait vraisemblablement pas 10 p. 100;

Attendu que, bien que les négociants qui plaident contre l'Administration militaire demandent tous 75 francs de leur eau-de-vie ordinaire, il faut admettre que ces sortes de mélange se font de façons très diverses, suivant les habitudes de chacun et suivant sa clientèle;

Attendu qu'il importe surtout de retenir que l'Administration militaire avait requis la dame David de lui fournir de l'eau-de-vie claire et droite en goût, et que la dame David reconnaît ne lui avoir livré qu'un mélange d'alcool industriel et d'eau-de-vie de vin; que la dame David ne prouve pas, ainsi qu'elle le devrait, dans quelle proportion elle a employé de l'eau-de-vie de vin pour ce mélange; qu'elle n'établit ni la quantité ni le prix de l'eau-de-vie de vin dont elle se serait servie à cette fin;

Qu'il importe d'observer que M. le Ministre de la guerre, après avis de la Commission centrale, a fixé à 45 francs le prix maximum de l'hectolitre d'eau-de-vie courante, dans l'arrêté qu'il a pris, le 10 août 1914, en exécution de la loi du 3 juillet 1877, sur les réquisitions; qu'il est à remarquer même que plusieurs négociants du Mans ont accepté les offres de l'Administration militaire;

Attendu que, dans ces circonstances, les offres de l'Intendance apparaissent comme très suffisantes;

Par ces motifs :

Donne acte à M. le Ministre de la guerre de ce qu'il renouvelle à la dame David l'offre à elle déjà faite de lui payer sa réquisition d'eau-de-vie au prix de 45 francs l'hectolitre, non compris le logement et les droits de régie;

Déclare cette offre valable et satisfactoire;

Déboute, en conséquence, la dame David de sa demande, et la condamne à payer les dépens.

TRIBUNAL CIVIL DE CHOLET.

Audience du 9 juin 1916.

Affaire : Ministre de la guerre contre Barat.

---

*Réquisition de denrées (Loi du 3 juillet 1877, art. 2). —
Détermination de l'indemnité. — Prix de revient.*

Attendu qu'il résulte de l'esprit comme du texte de l'article 2
de la loi du 3 juillet 1877 que le prestataire ne peut être qu'in-
demnisé du préjudice que lui a occasionné la réquisition, et que
l'indemnité qui lui est allouée ne peut être que la représentation
de ce préjudice, déterminé lui-même par la valeur de l'objet
réquisitionné;

Que la valeur de cet objet ne peut donc être elle-même fixée
que par les éléments dont s'entoure l'Administration militaire,
éléments qui lui permettent d'écarter tout ce qui pourrait constituer un profit ou engendrer une perte;

Que c'est bien là l'idée fondamentale qui a présidé à l'élaboration et au vote de la loi susvisée, le législateur s'étant avant
tout préoccupé, dans une matière intéressant à un si haut degré
l'intérêt de la défense nationale, de limiter l'indemnité au préjudice réellement subi, et de sauvegarder, autant que possible, les
intérêts du Trésor public;

Que s'en rapporter aux cours des denrées d'alimentation dans
chaque localité, alors que ces denrées sont forcément sujettes,
en temps de guerre, à des variations importantes et continuelles,
variations que leur fait subir la spéculation, eût été s'exposer à
de nombreux mécomptes et exposer le Trésor à payer des prix
excessifs (D., *J. G.*, v. Réq. mil., n° 130);

Que c'est donc à ce titre que le législateur a spécifié qu'il
s'agissait d'indemnité représentative de « valeur », l' « indemnité » étant ce que l'on donne pour dédommager d'un préjudice,
et « valeur » représentant, entre les mains du prestataire, le
prix de revient de l'objet réquisitionné, majoré des frais que le
prestataire a dû exposer;

Or, attendu que les bases du calcul fait par l'Administration,
pour fixer les indemnités, sont équitables et conformes au principe de la loi; qu'elles sont suffisantes, et que c'est à bon droit
que le premier juge les a déclarées telles;

Attendu que, partant des principes exposés plus haut, la mesure sollicitée par l'appelant est inopérante,

Par ces motifs :

Le Tribunal, statuant en matière sommaire et en dernier ressort,

Déboute l'appelant de son appel;

Confirme le jugement dont est appel, dit qu'il sortira son plein et entier effet, et condamne Barat aux dépens de première instance et d'appel.

TRIBUNAL CIVIL DE POITIERS.

Audience du 4 juillet 1916.

Affaire : Ministre de la guerre contre Galland.

Réquisition de porcs (Loi du 3 juillet 1877, art. 2). — Détermination de la valeur. — Exclusion du cours commercial.

Attendu que la sous-intendance de Poitiers a, les 20 et 22 février 1916, requisitionné de Galland 80 porcs pesant ensemble 7.571 kilogrammes, qu'elle offre de lui payer 14.600 fr. 35, sur le pied de 1 fr. 85 le kilogramme; que Galland déclare ces offres insuffisantes et réclame une somme de 17.413 fr. 30, basée sur un prix de 2 fr. 30 le kilogramme, correspondant, d'après lui, au cours de la vente sur pied à l'époque de la réquisition;

Attendu que les réquisitions ne sont pas des marchés de gré à gré, et que le législateur ne dit pas que l'Administration de la guerre doive payer le prix des prestations requises; que la loi du 3 juillet 1877, en son article 2, énonce, au contraire, — ce qui est bien suffisant, — que ces prestations donnent droit à des indemnités représentatives de leur valeur; que le mot indemnité, répété dans l'énoncé du titre V de la loi, ainsi que dans les articles 25 et 26, désigne, suivant la définition de Littré, la compensation pécuniaire accordée à celui qui a éprouvé une perte; que, par l'emploi de ce mot, le législateur, soucieux de concilier l'intérêt privé, a manifesté l'intention que le prestataire n'éprouvât aucun préjudice du fait de la réquisition, sans qu'elle pût lui procurer un enrichissement au détriment du Trésor; que l'expression vague et indéterminée de « valeur » n'ajoute rien à l'idée, dès lors que la loi ne fixe aucun critérium de cette valeur, aucune base légale pour la tarification des indemnités; que ce silence est significatif;

Qu'en effet, des lois antérieures sur les réquisitions avaient été plus précises et plus explicites;

Que celle, par exemple, du 3 pluviôse an III, articles 4 et 5, indiquait que le prix des grains réquisitionnés serait réglé sur le prix courant du marché de l'endroit ou, à défaut sur les mercuriales des marchés les plus voisins;

Que, de même, l'article 3 de la loi du 28 juin 1815 énonçait que le prix des denrées requises serait, en principe, fixé d'après les mercuriales;

Que si le législateur de 1877, qui avait ces textes sous les yeux, ne les a pas reproduits, on doit reconnaître que c'est volontairement et à dessein; qu'il a évité de s'attacher aux cours pratiqués par le commerce, parce que ceux-ci, faussés en temps de guerre pour des causes multiples et par le jeu même des réquisitions, ont une tendance à s'élever d'une façon excess've et anormale, et, grâce à une spéculation facile à prévoir, aboutiraient le plus souvent à procurer aux prestataires un enrichissement que la loi a voulu empêcher, que tout ce que les prestataires peuvent exiger, c'est de n'être pas en perte, et qu'ils sont suffisamment indemnisés lorsqu'il leur est tenu compte du prix d'achat ou de revient, augmenté d'une juste quote-part de frais généraux;

Attendu que les prix des denrées requises ne sont fixés par le ministère de la guerre qu'après une sorte d'expertise, à laquelle il est procédé par des commissions d'évaluation composées en majorité de civils et pouvant s'adjoindre, avec voix consultatives, de notables commerçants;

Que la création même de ces commissions démontre que la loi n'a pas voulu que l'on suivît aveuglément les cours pratiqués par le commerce;

Que les tarifs qu'elles établissent offrent une certaine garantie qui n'existe pas, par exemple, en matière d'expropriation pour cause d'utilité publique, et que, s'ils ne lient pas le juge, ils sont susceptibles de constituer une base sérieuse pour l'évaluation du préjudice, à laquelle il est légitime de se référer lorsqu'il n'est pas possible de fixer par d'autres moyens la valeur des prestations; qu'il appartient au prestataire demandeur de démontrer que l'offre de l'Intendance, conforme à l'avis de la commission d'évaluation, est insuffisante pour réparer le préjudice que la réquisition lui fait subir;

Attendu que Galland ne cherche pas à faire cette preuve; que, marchand de porcs, il avait acheté la plus grande partie, sinon la totalité des animaux réquisitionnés; qu'il ne fournit aucune indication sur ses prix d'achat, pas plus que sur ses frais généraux de transport, main-d'œuvre, nourriture, etc...; que, même en se plaçant à son point de vue du cours commercial, on ne saurait faire état d'attestations d'autres marchands de porcs, intéressés comme lui à ce que les réquisitions soient payées le plus cher possible;

Qu'on ne saurait non plus s'arrêter aux prix pratiqués aux marchés de la Villette, où la spéculation joue plus que partout ailleurs, et où les prix sont régulièrement augmentés par les frais de transport, les risques de route, les droits d'entrée, de séjour, de pesage, etc.;

Que l'attitude de Galland limite la discussion à une question de principe, en se gardant soigneusement de porter le débat sur le terrain du fait, au point que, dans ses dernières conclusions, il se borne à prévoir l'hypothèse d'une expertise ordonnée d'office par le tribunal, sans la solliciter lui-même; que cette attitude même montre que l'offre de 1 fr. 85 par kilogramme de viande ne lui fait subir aucun préjudice; qu'ainsi, cette offre doit être accueillie et validée, et Galland, qui succombe, condamné aux dépens,

Par ces motifs :

Le Tribunal, jugeant sommairement et en premier ressort, M. le procureur de la République entendu,

Dit que la somme de 14.016 fr. 35, offerte à Galland pour la prestation des porcs faite à l'Intendance, constitue une indemnité juste et suffisante, représentative de la valeur de la prestation;

Donne acte à l'Etat de ce que le sous-intendant de Poitiers est prêt à mandater cette somme au demandeur;

Déboute Galland de ses demandes, fins et conclusions; le condamne aux dépens.

TRIBUNAL CIVIL DE VERSAILLES.

Audience du 5 juillet 1916.

Affaire : Ministre de la guerre contre Hédouin.

Réquisition de foin (Loi du 3 juillet 1877, art. 2). — Détermination de l'indemnité. — Valeur intrinsèque. — Exclusion du bénéfice commercial.

Attendu que l'Administration militaire interjette appel d'un jugement rendu par le juge de paix de Palaiseau, qui l'a condamnée à payer à Hédouin la somme de 900 francs, pour règlement de réquisition de 7.500 kilogrammes de foin opérée le 20 août 1914;

Que l'appelant prétend que ce serait à tort que le premier juge aurait fixé le prix de la marchandise à 12 francs le quintal, alors qu'il ne devrait être que de 9 francs, soit, pour la livraison effectuée, 675 francs;

Qu'Hédouin conclut à la confirmation du jugement;

A) Attendu qu'aux termes de l'article 2 de la loi du 3 juillet 1877 sur les réquisitions militaires, toutes les prestations donnent droit à des indemnités représentatives de leur valeur;

Attendu que, lorsque l'Etat use du droit de réquisition, il ne doit pas un prix, il lève une contribution forcée, presque un impôt; qu'il en résulte que l'indemnité que la loi alloue au prestataire ne peut avoir pour but que d'éviter une perte à celui-ci; que l'indemnité doit représenter uniquement la valeur intrinsèque de l'objet réquisitionné, sans bénéfice pour le prestataire;

B) Attendu que le premier juge ne s'est pas conformé à cette règle; que, pour fixer le quintal de foin à 12 francs, il s'est fondé principalement sur les mercuriales, alors que ces cours comprennent, surtout actuellement, une large part de bénéfice;

Attendu que le prix de 9 francs le quintal de foin, offert par l'Administration militaire, correspond à sa valeur intrinsèque; que ce prix a d'ailleurs été accepté, dans notre région, par de nombreux prestataires; qu'il convient, en conséquence, de valider les offres de l'Etat,

Par ces motifs :

Infirme le jugement rendu par le juge de paix de Palaiseau le 3 septembre 1915;

Donne acte à l'Administration militaire de ce qu'elle offre de payer à Hédouin la prestation par lui fournie, sur réquisition, à raison de 9 francs le quintal, soit la somme de 675 francs, pour 75 quintaux de foin; déclare cette offre libératoire, la valide; condamne, en tant que de besoin, l'Administration militaire à payer cette somme;

Ordonne la restitution de l'amende;

Et condamne Hédouin aux dépens de première instance et d'appel.

TRIBUNAL CIVIL DE CHATEAU-CHINON.

Audience du 21 juillet 1916.

Affaire : Ministre de la guerre contre Lamalle et autres.

Réquisition de porcs (Loi du 3 juillet 1877, art. 2). — Détermination de l'indemnité. — Valeur normale. — Exclusion des cours commerciaux.

Attendu que les sieurs Thibaudin, Gazelle, Lamalle, Martin, Gueugniaud, Gauthe Hubert, Garnier, Gauthe René, Laurent, Nolay et Delavelle ont fait livraison, chacun pour son compte, et aux dates respectives des 3, 6 et 9 février 1916, sur réquisition de la part de l'autorité militaire, de porcs sur pied, pour des quantités diverses suivant chacun des prestataires;

Que, suivant état arrêté par l'autorité militaire à la date du 16 avril 1916, l'Intendance a fait offre aux prestataires ci-dessus désignés de sommes diverses pour chacun d'eux, à raison de 1 fr. 45 le kilogramme de porc sur pied;

Que dès le 15 mars 1916, lesdits prestataires, dans une demande collective signée de Laurent, mandataire des dix autres, et adressée au maire de Poil, avaient émis la prétention de voir établir le chiffre des indemnités à leur revenir au taux des cours commerciaux du temps de la réquisition, c'est-à-dire des 3, 6 et 9 février 1916;

Que l'Intendance, se refusant à faire droit à ces prétentions, a été amenée à offrir, en conciliation devant le juge de paix de Luzy, le chiffre, par kilogramme, de 1 fr. 75 pour les réquisitions

du 3 février, et celui de 1 fr. 80 pour les réquisitions subséquentes;

Que les prestataires ont refusé ces dernières offres, et, mainte-
nant la portée de leurs prétentions, ont, chacun pour son compte,
assigné l'Etat, dans la personne du sous-intendant militaire
de Nevers, en payement des sommes à leur revenir respectivement, étant donné que le calcul des indemnités se ferait conformément au taux des cours commerciaux des dates précitées de
février 1916, c'est-à-dire, suivant l'appréciation apportée par les
demandeurs, à raison de 2 fr. 12 le kilogramme de porc sur
pied;

Attendu que, sur ces assignations, onze procédures distinctes
ont été suivies contre le sous-intendant militaire; que, juqu'à
présent, aucune des parties en cause ne s'est avisée de demander la jonction de ces instances menées collatéralement contre
un défendeur unique, l'Etat; que le ministère public a conclu à la
jonction desdites instances;

Attendu que ces différentes instances ont, au fond, un objet
absolument identique; qu'il s'agit, dans l'une comme dans les
autres, de faire statuer le tribunal sur le sens et la portée qu'il
convient d'attribuer à l'article 2 de la loi du 3 juillet 1877, lequel
est ainsi conçu : « Toutes les prestations donnent droit à des
indemnités représentatives de leur valeur, sauf dans les cas spécialement déterminés par la présente loi »;

Que c'est dans ce sens que toutes les conclusions des demandeurs ne sont, aux chiffres près qui s'y trouvent insérés, que
la reproduction littérale les unes des autres; que l'Etat est défendeur unique et n'oppose à chacun de ses adversaires que des
moyens exactement semblables; que les demandeurs avaient
évidemment un intérêt d'économie de frais de justice à agir con-
jointement, ainsi qu'ils s'étaient déjà munis, pour adresser par
un mandataire commun, à l'autorité administrative, la teneur de
leurs desiderata ou prétentions; que, sans vouloir faire état des
mesures subséquentes, d'expertise par exemple, que le tribunal
pourrait être amené à ordonner, il est manifeste qu'un lien de
connexité étroit et essentiel unit les causes dont s'agit, et qu'il
y a lieu, en conséquence, d'en prononcer la jonction, pour qu'il
soit statué sur chacune d'elles par un seul et même jugement;

Au fond :

Attendu que les demandeurs excipent, aux fins de leurs prétentions respectives, des termes de l'article 2 de la loi du 3 juillet 1877; qu'ils soutiennent que le législateur, en instituant que

les indemnités doivent être représentatives de la valeur des prestations, a entendu édicter que les objets ou denrées réquisitionnés seraient remboursés aux prestataires au taux des cours commerciaux du jour de la réquisition; qu'en se basant sur ce principe, et en produisant diverses indications relatives aux mercuriales régionales de février 1916, ils prétendent que le kilogramme de porc sur pied doit être évalué au prix de 2 fr. 12;

Attendu que l'Intendance oppose que la valeur des prestations doit uniquement s'apprécier eu égard au prix de revient des marchandises réquisitionnées, augmenté d'une juste quote-part de frais généraux, sans que la réquisition puisse jamais devenir pour le particulier une source de bénéfice; qu'elle maintient, en les renouvelant auprès de chacun des demandeurs, les offres dont les chiffres ont été ci-dessus spécifiés, soit 1 fr. 75 ou 1 fr. 80, suivant les cas, le kilogramme de porc sur pied;

Attendu que la valeur d'une chose peut être envisagée à deux points de vue différents; qu'elle peut s'apprécier à raison du prix commercial, qui représente la chose une fois celle-ci mise sur le marché; prise dans ce sens, la valeur est dite : valeur courante ou commerciale; que la valeur peut, d'autre part, être considérée comme l'équivalent de l'action économique dépensée, à l'égard d'une chose, par celui qui la détient dans son patrimoine; il s'agit alors de la valeur normale, qui se calcule sur le coût de production ou d'acquisition de la chose, augmenté d'un profit moyen pour le producteur ou le négociant;

Qu'il convient de remarquer, dès à présent, que dans les conditions ordinaires d'équilibre du marché commercial, la valeur courante, malgré les fluctuations incessantes, tend continuellement, à se rapprocher de la valeur normale, tandis que, aux périodes de perturbations économiques et de spéculations excessives, la valeur courante peut atteindre des taux hors de toute équivalence avec le taux de la valeur normale;

Attendu que la réquisition militaire n'a aucunement pour effet de créer entre le prestataire et l'Etat des relations de vendeur à acheteur, mais bien d'opérer l'expropriation de l'objet requis à l'égard de son détenteur;

Que le législateur de 1877 n'a jamais dit, ni entendu exprimer que le prestataire serait payé de la chose réquisitionnée entre ses mains; qu'il a formellement, au contraire, décidé qu'il recevrait une indemnité; que cette indemnité, en principe, et abstraction faite des termes de la loi du 3 juillet 1877, doit venir en réparation du préjudice, tout au moins du préjudice essentiel causé par la réquisition;

Attendu que ce préjudice peut s'analyser en plusieurs éléments distincts; que tout d'abord, le prestataire subit un préjudice principal immédiat par le fait qu'il perd tous les déboursés intervenus de sa part et représentés par l'objet requis, et qu'il est privé en même temps du fruit de son travail personnel, dont cet objet est la résultante dans son patrimoine; d'un mot, ce préjudice immédiat et essentiel réside dans la perte de la valeur normale de l'objet requis;

Qu'un deuxième élément de préjudice accessoire peut résider occasionnellement dans la privation de l'utilité particulière que le prestataire aurait à conserver l'objet requis entre ses mains;

Qu'enfin, un troisième élément de préjudice éventuel doit être envisagé à raison de l'impossibilité où sera désormais le prestataire de réaliser, en le portant sur le marché, la valeur courante ou commerciale de l'objet requis;

Attendu qu'à se reporter tant aux termes qu'aux travaux préparatoires de la loi du 3 juillet 1877, il ne paraît pas douteux que le législateur ait été dans l'intention d'éviter, autant que possible, que, du fait des réquisitions, les particuliers ne soient lésés dans leurs intérêts essentiels; qu'il paraît bien que le législateur se soit opposé, de par ses prescriptions, à ce qu'un trouble immédiat et formel soit apporté, par l'expropriation de réquisition, dans l'économie privée d'un prestataire, et qu'ainsi il a dû être nécessairement amené à admettre, pour l'exproprié, le droit à une indemnité compensatrice du préjudice immédiat causé, c'est-à-dire indemnité équivalente à la valeur normale de l'objet requis; mais qu'il n'est guère admissible qu'il ait pu vouloir davantage en faveur du prestataire; qu'il est admis, en effet, que ce dernier ne peut exciper, à l'égard de l'Etat, de l'utilité particulière, pour lui, de l'objet requis, et réclamer de ce chef un supplément d'indemnité; qu'il ne peut donc se prévaloir d'un préjudice occasionnel; que, d'autre part, il est encore constant que la réquisition ne peut être, pour le prestataire, une source de bénéfice et lui procurer, par avance, la réparation d'un préjudice éventuel, non encore effectivement subi, qui consisterait dans l'empêchement ultérieur de négocier l'objet de la réquisition;

Qu'enfin, le législateur de 1877, s'il ne pouvait peut-être prévoir l'exagération des perturbations économiques actuelles, non plus que l'amplitude, aujourd'hui réalisée, du régime des réquisitions militaires, avait certainement envisagé le danger qu'il y aurait pour l'Etat à être contraint de subir, pour l'exercice de ses réquisitions, les fluctuations anormales des cours commerciaux, et d'être mis de la sorte, dans certains cas, à la merci de spéculations sans mesure ni scrupule; que, par suite, dans le silence de son texte à cet égard, il y a lieu d'admettre que la loi du 3 juillet 1877 n'a pas entendu qu'il serait tenu compte à un prestataire du préjudice éventuel qu'il subit, du fait de la non-réalisation commerciale de l'objet de sa prestation;

Attendu qu'en définitive, et eu égard aux considérations qui précèdent, il apparaît que l'article 2 de la loi susvisée, en édictant que toutes les prestations donnent droit à des indemnités représentatives de leur valeur, s'est reporté uniquement à la valeur normale de l'objet requis, étant entendu que cette valeur normale ne saurait jamais être fixée à des taux purement arbitraires; que si elle peut, à certains moments, être nettement inférieure à la valeur courante ou commerciale, elle n'en est pas moins soumise à des fluctuations très sensibles, suivant l'élévation momentanée du coût de production, la pénurie passagère des moyens de transports, la rareté de l'objet sur le marché, les conditions d'offres et de demandes, etc.; que c'est aux organes compétents pour ce faire, de déterminer, en tenant compte de ces contingences multiples, la valeur normale d'une chose, et que c'est ainsi que la loi de 1877 a institué les commissions départementales dont la mission est précisément d'arbitrer, à titre d'indication, suivant les circonstances et les régions, la valeur d'une prestation; que c'est encore ainsi qu'en cas de contestation entre l'Etat et le prestataire, il appartient aux tribunaux d'évaluer l'objet d'une réquisition; que, dans ce dernier cas, et lorsqu'un prestataire a refusé les offres de l'Administration militaire comme étant insuffisantes, il ne lui suffira pas d'arguer de ce que les offres sont d'un chiffre inférieur à la valeur courante ou commerciale de la prestation, appréciée au taux du cours, mais qu'il lui faudra établir que ces offres ne sont pas représentatives de la valeur normale de l'objet requis, valeur dont fera estimation la juridiction saisie;

Attendu qu'en appliquant au litige en cause les données qui précèdent, il y a lieu de dire que les demandeurs ne sauraient être accueillis dans leurs prétentions de faire déclarer insuffisantes les offres de l'Intendance, par ce fait seul que le chiffre de ces offres est inférieur au taux des cours commerciaux du porc sur pied en février 1916; qu'il leur faudrait plus spécialement établir, ce qui n'est nullement dans leur intention, que le montant de ces offres n'est pas équivalent à ce qu'était, pour le producteur et au temps de la réquisition, la valeur normale du porc sur pied; qu'il échet de dire, au contraire, que l'Intendance, en prenant pour base de ses évaluations le prix de revient des prestations, fait une juste application de la loi du 3 juillet 1877, étant donné que le prix de revient correspond à la valeur normale, si l'on comprend dans la quote-part des frais généraux la rémunération légitime due au producteur ou au négociant; qu'ainsi, toute la question se réduit, pour le tribunal, à déterminer si, en fait, les prix offerts par l'Intendance sont bien représentatifs de la valeur normale des prestations légitimes;

Attendu qu'il est à la connaissance du tribunal qu'en 1914, alors que les cours commerciaux n'étaient pas faussés par la spéculation, encore moins par les circonstances économiques, le porc sur pied se vendait dans la région à un prix inférieur à 100 francs le quintal; que ce prix correspondait alors très approximativement à la valeur normale de la marchandise; que, depuis lors, s'il est incontestable que le coût de production se soit élevé, spécialement à raison du renchérissement des denrées indispensables à l'élevage et de la main-d'œuvre, il n'en demeure pas moins constant que les conditions actuelles n'ont pu avoir pour effet d'augmenter dans la proportion de plus 50 p. 100 le même coût de production, le profit légitime à revenir à l'éleveur de porcs restant le même qu'il y a deux ans; que, par suite, en offrant 160 ou 180 francs par quintal, d'une marchandise dont la valeur normale était tout au plus de 100 francs en 1914, l'Intendance militaire a fait très largement mesure des charges nouvelles incombant aux producteurs de cette marchandise, et qu'en conséquence, les offres par elle faites doivent être tenues pour suffisantes;

Attendu qu'il n'y a pas lieu d'ordonner l'exécution provisoire du présent jugement;

Sur les dépens;

Attendu qu'il échet de les faire supporter par chacun des demandeurs, pour la totalité en ce qui concerne les frais de leur instance respective, et pour leur part en ce qui concerne le surplus,

Par ces motifs :

Joint les instances pendantes entre les sieurs Thibaudin, Gazelle, Lamelle, Martin, Gueugniaud, Gauthe Hubert, Garnier, Gauthe René, Laurent, Nolay et Delavelle, d'une part, et l'Etat français, d'autre part;

Et statuant par un seul jugement, rendu contradictoirement, en matière sommaire et en premier ressort, sans s'arrêter ni avoir égard à tous autres moyens, fins ou conclusions contraires,

Donne acte à l'Etat français de ce qu'il réitère les offres précédemment faites en conciliation à chacun des demandeurs savoir :

1° A Thibaudin, 7.921 fr. 60;
2° A Gazelle, 3.366 francs;
3° A Lamalle, 2.559 fr. 60;
4° A Martin, 3.661 fr. 20;
5° A Gueugniaud, 6.620 fr. 40;
6° A Gauthe Hubert, 4.550 fr. 40;
7° A Garnier, 3.934 fr. 80;
8° A Gauthe René, 4.834 fr. 80;
9° A Laurent, 3.949 fr. 20;
10° A Nolay, 3.672 francs;
11° Et à Delavelle, 1.980 fr. 80;

Déclare suffisantes et libératoires les offres ci-dessus spécifiées;

Dit, en conséquence, les demandeurs mal fondés en leurs prétentions, les en déboute;

Dit que les dépens seront supportés par chacun des demandeurs, en totalité pour leurs frais d'instance respectifs jusqu'à ce jour, et pour leur part en ce qui concerne le surplus à compter du présent jugement.

TRIBUNAL CIVIL DE CHALONS-SUR-MARNE.

Audience du 22 juillet 1916.

Affaire : Ministre de la guerre contre consorts Marion.

Réquisition d'automobile. — Caractère obligatoire du barème (Loi du 26 décembre 1914). — Non-rétroactivité.

Attendu que le 2 septembre 1914, l'Autorité militaire a réquisitionné une voiture automobile appartenant au sieur Marion; que, le 25 avril 1916, M. le Ministre de la guerre en a fixé l'indemnité représentative à 8.160 francs; que les consorts Marion n'ayant pas accepté cette somme, ont, suivant exploit de Jactat, huissier, du 23 mai 1916, assigné l'Etat en payement de 13.155 francs 60, prix de la voiture réquisitionnée, selon leur estimation, avec intérêts du jour de la sommation;

Attendu que, dans ses conclusions du 30 juin 1916, l'Etat a augmenté son offre primitive et l'a portée à 9.360 francs;

Attendu que les consorts Marion prétendent qu'ils ont droit à une indemnité représentant la valeur de l'automobile dont ils ont été dépossédés; que l'Etat doit tenir compte, dans la fixation de cette indemnité, de tous les accessoires de la voiture, et faire application, en l'espèce, de la loi du 26 décembre 1914, et non de la loi du 22 juillet 1909;

Attendu que les demandeurs soutiennent vainement que l'appréciation du litige doit être régie par les dispositions de la loi du 26 décembre 1914, puisque cette loi n'était pas en vigueur à l'époque de la réquisition et ne peut avoir d'effet rétroactif;

Attendu qu'il ne saurait être fait application, en la cause, que de la loi du 22 juillet 1909, aux termes de laquelle la valeur d'une automobile s'établit d'après sa catégorie et l'ancienneté de sa fabrication; que c'est en se basant sur ce texte, combiné avec l'arrêté ministériel du 18 juillet 1913, que l'Etat a fixé l'évaluation de la voiture réquisitionnée à 9.360 francs; que cette somme représente exactement le prix de réquisition de ladite voiture;

Attendu qu'il est possible que ce prix ne représente pas, sinon la valeur réelle de la voiture, du moins ce que celle-ci a coûté en fait, mais que l'Etat ne peut être tenu à payer davantage, puisqu'il s'est conformé aux prescriptions légales sur la matière, et qu'au surplus, l'exercice du droit de réquisition implique nécessairement, dans certains cas, un sacrifice pécuniaire pour le réquisitionné;

Attendu, en ce qui concerne les accessoires, qu'étant indispensables à la mise en marche et à l'usage de la voiture, ils ne doivent pas être comptés en supplément;

Attendu, à l'égard des intérêts réclamés, que c'est le 30 juin 1916 que l'Etat a fait offre de 9.360 francs, après avoir seulement offert 8.760 francs, reconnaissant par là-même que cette dernière offre était insuffisante; qu'il y a lieu, par suite, de décider que les intérêts sont dus sur 9.360 francs depuis le 8 mai 1916, date de la sommation, jusqu'au 30 juin suivant;

Attendu, sur les dépens, que si les consorts Marion ont eu tort de refuser les offres du 30 juin 1916, l'Etat, de son côté, a fait ces offres tardivement, et qu'il convient, en conséquence, de laisser à sa charge une partie des dépens;

Par ces motifs :

Donne acte à l'Etat de son offre de 9.360 francs, pour prix de la voiture automobile réquisitionnée le 2 septembre 1914;

Déclare cette offre suffisante, et dit qu'elle sera libératoire par sa réalisation entre les mains des consorts Marion, ou, à défaut d'acceptation par ceux-ci, par la consignation à la Caisse des dépôts;

Condamne l'Etat à payer aux consorts Marion les intérêts de ladite somme de 9.360 francs du 8 mai au 30 juin 1916.

TRIBUNAL CIVIL DE TARBES.

Audience du 24 juillet 1916.

Affaire : Ministre de la guerre contre de Franclieu.

Réquisition de vins. — Détermination de l'indemnité. —
Exclusion du cours commercial.

Attendu que toute réquisition militaire de denrées donne lieu, aux termes de la loi du 3 juillet 1877, à une indemnité représentative de la valeur; que, par cette formule, le législateur exprime clairement son intention de réparer seulement le dommage direct et immédiat que la réquisition a pu causer au prestataire, d'empêcher l'appauvrissement de ce dernier, tout en lui interdisant un bénéfice aléatoire résultant de plus-values sur lesquelles il ne pouvait normalement compter; que, dans ces conditions, l'on ne saurait redouter pour ledit prestataire des sacrifices qui seraient épargnés aux autres citoyens; que ce serait, au contraire, rendre sa situation préférable à celle de la généralité, que de faire application, dans l'évaluation de l'indemnité, de cours commerciaux démesurément enflés par le fait même de la réquisition et de l'état de guerre, circonstances particulièrement favorables aux abus de la spéculation; que si quelques-uns bénéficient, à l'encontre de l'intérêt général, de l'état anormal du marché, il faut voir là un mal, peut-être nécessaire, mais qu'on ne saurait penser que la loi ait voulu étendre ce mal, sinon l'encourager;

Qu'il convient donc de faire abstraction de tout élément fictif dans l'appréciation à porter sur la valeur des choses réquisitionnées; qu'ainsi, cette valeur sera représentée par un prix tel que le capital et le travail consacrés à sa production y trouvent une rémunération et un profit légitimes; que doivent, en outre, intervenir, pour la détermination de ce prix, et tendent à l'élever ou à le réduire, les facteurs tirés de la qualité ou de la rareté du produit; que ces derniers éléments pourront ressortir de l'examen de divers cours commerciaux dont la comparaison fournira d'utiles indications; que demeurant ce qui vient d'être dit, il n'y a pas lieu de s'attacher à la date de la réquisition portant sur le quart de la récolte en vins de 1915, le prix moyen de cette récolte devant seul être envisagé;

Que, pour la région du Madiranais, le prix des vins, pour les années de production moyenne, ressortit entre 25 et 30 francs l'hectolitre, suivant leur qualité;

Que la récolte de 1915 a été très sensiblement déficitaire;

Qu'en tenant compte, en outre, de la cherté particulière de la main-d'œuvre, il convient, pour la fixation de la valeur de la prestation dont il s'agit au procès, de majorer d'une somme de 15 francs par hectolitre le prix qu'aurait atteint le vin réquisitionné dans une année moyenne;

Qu'ainsi, les vins de bonne qualité fournis par de Franclieu et pouvant être évalués, année moyenne, le vin blanc à 29 francs, le vin rouge à 30 francs, ressortissent : le premier à 44 francs, le second à 45 francs l'hectolitre; de telle sorte que l'indemnité due à l'intimé pour les 35 hectol. 50 litres de vin blanc et 32 hectolitres de vin rouge livrés, s'élève à la somme totale de 3.002 francs; qu'il a droit également, pour conservation du vin, à une seconde indemnité calculée sur le taux annuel de 5 p. 100 du principal, depuis le 1er octobre 1915 jusqu'au jour de la retiraison;

Attendu que, les parties succombant réciproquement dans leurs prétentions, il y a lieu de faire masse des dépens pour être répartis entre elles par égales parts;

Par ces motifs :

Le Tribunal, jugeant publiquement, contradictoirement, en matière sommaire et en premier ressort; ouï les avocats et les avoués de la cause, ouï le ministère public; après en avoir délibéré,

Dit que l'Etat versera au sieur de Franclieu, à titre d'indemnité : 1° une somme de 3.002 francs; 2° une somme calculée sur le principal, à partir du 1er octobre 1915 jusqu'au jour de la retiraison, le tout avec les intérêts de droit;

Fait masse des dépens pour être supportés par les parties par égales parts, et, vu la loi du 18 décembre 1878, dit que le présent sera dispensé de timbre et enregistré gratis.

TRIBUNAL CIVIL DE LA SEINE (1re CHAMBRE).

Audience du 26 juillet 1916.

Affaire : Ministre de la guerre contre Picon et Cie.

Réquisition d'alcools industriels. — Détermination de l'indem-
nité. — Exclusion du cours commercial.

Attendu que, pour faire face aux besoins sans cesse croissants
de la fabrication des poudres, le Ministre de la guerre a procédé,
le 26 août 1915, sur tout le territoire de la France, à la réquisition générale de tous les alcools industriels;

Attendu qu'après avoir pris l'avis d'une commission composée d'hommes spécialement compétents : MM. Briotet, ingénieur
principal des poudres; Fontaine, membre de la Chambre de
commerce de Paris; Moutard, président des courtiers assermentés près la Bourse de commerce de Paris; Lefèvre, président
du Syndicat des distillateurs agricoles, et Exbrayat, adjoint à
l'intendance, le Ministre de la guerre, par sa circulaire du
28 septembre 1915, a décidé que les prix seraient de 100 francs
l'hectolitre à 100 degrés pour les alcools réquisitionnés chez
les producteurs, de 105 francs pour les alcools réquisitionnés
chez les détenteurs de stocks supérieurs à 200 hectolitres, et de
110 francs pour les alcools réquisitionnés chez les détenteurs
de stocks inférieurs à 200 hectolitres;

Attendu que 2.946 hectol. 57,27 d'alcool à 100 degrés ayant été
réquisitionnés à la Société Picon et Cie, il lui a été offert une
somme de 105 francs par hectolitre, augmentée de 2 fr. 50 pour
remboursement de la taxe de fabrication;

Attendu que la Société Picon et Cie a refusé cette offre et
actionne le Ministre de la guerre en payement d'une indemnité
calculée sur la base de 138 francs l'hectolitre; qu'elle réclame
ainsi une somme de 406.627 fr. 05, avec les intérêts à 5 p. 100
à partir du jour de la réquisition; qu'elle réclame les intérêts,
en tant que de besoin, à titre de dommages-intérêts, et qu'elle
conclut en outre à l'exécution provisoire du jugement à concurrence de la somme de 309.390 fr. 14, représentant le montant de
la dette reconnue par le Ministre de la guerre;

Attendu que certains prestataires auraient voulu assimiler la réquisition à une véritable expropriation, semblable à celle que prévoit la loi du 3 mai 1841 pour cause d'utilité publique, afin de pouvoir réclamer à l'Etat la réparation des préjudices de toutes sortes causés par la réquisition;

Mais attendu que, si la réquisition et l'expropriation ont entre elles des caractères communs, en ce sens que l'exproprié et le prestataire se voient dépouillés malgré eux du bien qui leur appartenait, il y a, entre elles, une différence capitale qui tient à ce que l'une s'exerce en temps de guerre, dans un moment où domine avant tout l'idée du salut public, tandis que l'autre s'exerce dans le temps de paix, où l'on n'envisage que des questions de simple utilité publique; que si le jury de la loi de 1841 peut tenir compte, dans l'indemnité qu'il accorde, de tous les éléments de préjudice, la loi du 3 juillet 1877, relative aux réquisitions militaires, a disposé expressément, dans son article 2, que « toutes les prestations donnent droit à des indemnités représentatives de leur valeur »;

Qu'ainsi, la loi précise bien que l'idée de préjudice doit être écartée; que, dans le litige actuel, il s'agit uniquement de déterminer ce qu'il faut entendre par cette expression : « indemnité représentative de la valeur »;

Attendu que, dans un premier système, on soutient que, lorsqu'il s'agit d'une marchandise comme l'alcool, qui est cotée chaque jour à la Bourse de commerce de Paris, l'indemnité doit être représentée par le prix publié au *Journal officiel* le jour où s'est effectuée la réquisition;

Que ce système est en contradiction avec le principe même de la réquisition, qui deviendrait inutile si l'autorité militaire devait subir le prix des mercuriales;

Que d'ailleurs, les cours cotés à la Bourse de commerce sont bien plus le résultat des ventes fictives inspirées par la spéculation, et non suivies de livraison, que des ventes effectives de marchandises;

Qu'il est inadmissible que l'Etat, pour faire face aux besoins de la défense nationale, soit à la merci de spéculateurs et contraint de payer un prix commercial souvent hors de proportion avec la vraie valeur de la chose réquisitionnée;

Attendu que, dans un autre système, l'indemnité représentative de la valeur serait représentée par le prix de revient de la marchandise, c'est-à-dire par le prix de fabrication s'il s'agit d'un producteur, et par le prix d'acquisition s'il s'agit d'un détenteur, augmentés l'un et l'autre d'une juste part des frais généraux;

Mais attendu que le législateur de 1877 lui-même a condamné ce système, en montrant qu'il ne confondait pas et n'assimilait pas la valeur avec le prix de revient, puisque, dans l'article 2 de la loi, il parle de la valeur de la marchandise, tandis que, dans l'article 30, il impose aux Compagnies de chemins de fer l'obligation, en cas de réquisition, de livrer au prix de revient le combustible, les matières grasses et autres objets nécessaires au service de l'exploitation;

Que le législateur de 1877 a encore condamné le système du prix de revient lorsque, dans l'article 48 de la loi, il a décidé que le prix des voitures et des harnais serait fixé d'après les prix courants du pays;

Qu'il est d'ailleurs évident que le prix de revient, s'il est un des éléments qui doivent servir à déterminer la valeur d'une marchandise, ne peut pas se confondre avec cette valeur même;

Attendu, ces systèmes écartés, qu'il faut en revenir au mode d'évaluation fixé par la loi elle-même;

Que la loi de 1877 et le décret du 2 août qui l'a suivie ont, en effet, disposé que les indemnités seraient évaluées par des commissions spéciales, composées d'hommes appartenant en majorité à l'élément civil;

Que, sans doute, les propositions de ces commissions ne s'imposent pas aux tribunaux, à qui la loi a reconnu le pouvoir de statuer définitivement en cas de désaccord; mais que les avis de ces commissions doivent être pris en sérieuse considération par le juge qui, les prenant comme base de discussion, doit rechercher, en recueillant le plus de renseignements possibles et en tenant compte de toutes les circonstances, si l'évaluation qui a été faite représente bien la valeur réelle de la marchandise réquisitionnée;

Attendu, en fait, qu'en l'espèce, la commission spéciale dont la composition a été indiquée plus haut, représentant dans sa majorité des hommes compétents, indépendants et les plus compétents pour connaître la valeur réelle de l'alcool, indique qu'elle a fixé à 100 francs, chez le producteur, la valeur de l'hectolitre d'alcool à 100 degrés, le jour de la réquisition;

Que le tribunal estime, d'après tous les renseignements qui lui ont été fournis, que cette évaluation doit être acceptée;

Attendu, en effet, qu'il est indiscutable que l'alcool industriel ne valait pas 50 francs l'hectolitre avant la déclaration de guerre; que, du mois de novembre 1914 au mois d'août 1915, la Direction des poudres du ministère de la guerre a fait, avec un grand nombre de particuliers, des marchés importants d'alcool, dépassant de beaucoup par leur chiffre la moitié de tout l'alcool industriel produit en France; qu'elle n'a cependant jamais dépassé, dans ses prix d'achat, le chiffre de 100 francs; qu'il est bien certain, quoi qu'on ait dit sur les procédés employés par l'Etat, que celui-ci n'acquiert, le plus souvent, qu'au prix le plus fort et que, s'il a pu continuellement conclure des marchés de cette importance à des prix inférieursà 100 francs, on peut en conclure que l'alcool n'avait pas une valeur supérieure;

Attendu, d'autre part, qu'un calcul fait par le Ministre de la guerre établit, en tenant compte de tous les frais et dépenses, que le prix de revient de l'hectolitre d'alcool, même celui produit par la distillation des grains, qui est le plus élevé, n'atteignait pas, au mois d'août 1915, le chiffre de 100 francs;

Que le renseignement est confirmé par le parquet qui, ayant à surveiller une très importante distillerie autrichienne mise sous séquestre, a reçu un rapport duquel il résulte que le prix de revient de l'hectolitre d'alcool, qui était de 67 francs au mois de janvier 1915, n'a pas dépassé 85 francs dans le trimestre qui s'est écoulé de la fin mars au 30 juin 1915;

Attendu, enfin, que s'il fallait encore une dernière démonstration que la commission a fait une exacte évaluation de la marchandise, elle résulterait du fait que 504 prestataires, représentant une réquisition de 89.699 hectolitres d'alcool, ont accepté le prix fixé, tandis que seulement 334 prestataires, représentant 61.328 hectolitres, ont déclaré le refuser;

Attendu, il est vrai, que les cours cotés à la Bourse de commerce de Paris du 25 août 1915 étaient supérieurs au prix; qu'ils étaient de 105 francs au mois de juin 1915, 110 francs en juillet, et qu'ils se sont élevés jusqu'à 126 francs le 25 août;

Qu'il est, d'autre part, justifié par certains prestataires, qu'ils ont acheté des alcools à des prix supérieurs à 100 francs;

Mais attendu qu'on ne saurait faire état de ces prix, qui étaient amenés par les achats importants de l'Etat, et qui étaient provoqués par l'imminence de la réquisition générale annoncée depuis quelque temps déjà;

Qu'au surplus, ces marchés, dont la réalité et la véracité ne peuvent être contrôlées, ne sont pas opposables au Ministre de la guerre;

Attendu que la plus-value de 5 francs par hectolitre, qui a été concédée aux détenteurs de plus de 200 hectolitres d'alcool, tient compte suffisamment de la différence de situation qui existe entre les producteurs et les gros détenteurs, et fait une exacte appréciation de la valeur représentative de l'alcool pour ces gros détenteurs qui, ayant toujours des stocks importants, s'approvisionnent au moment le plus opportun, sans subir les cours élevés amenés parfois par la spéculation, et qui écoulent leurs marchandises chez d'autres détenteurs moins importants, sans s'adresser directement à la clientèle particulière ;

Attendu, au contraire, que la plus-value de 10 francs par hectolitre, accordée aux détenteurs ayant moins de 200 hectolitres, ne tient pas suffisamment compte de la valeur représentative de l'alcool, du moins pour les petits détenteurs représentant moins de 100 hectolitres; que ceux-ci achètent, en effet au jour le jour, aux conditions les plus onéreuses et subissent des frais de manutention toujours élevés; que l'alcool rendu chez eux représente une valeur d'autant plus grande qu'ils sont placés près d'une clientèle chez qui ils peuvent l'écouler à des prix rémunérateurs;

Que le Ministre de la guerre a bien compris la situation particulière des petits détenteurs, puisqu'il leur offre une plus-value spéciale de 10 francs;

Que si cette plus-value est suffisante pour les détenteurs représentant plus de 100 hectolitres d'alcool, elle paraît insuffisante pour ceux qui détenaient moins de 100 hectolitres; qu'il est équitable, pour ces derniers, d'augmenter la plus-value et de la porter à 15 francs par hectolitre;

Attendu que, la loi du 3 juillet 1877 n'ayant point dérogé aux dispositions de l'article 1153 du Code civil, les intérêts de l'indemnité allouée aux prestataires ne courent qu'à partir de la sommation de payer, c'est-à-dire à partir de l'assignation ou de l'acte de mise en demeure qui l'aurait précédée;

Que le demandeur n'est pas fondé à demander les intérêts du jour de la réquisition à titre de dommages-intérêts, puisque la loi n'accorde qu'une indemnité représentative de la valeur, ce qui exclut toute idée de dommages-intérêts;

Qu'aucune faute, d'ailleurs, n'est établie à la charge de l'Etat;

Attendu qu'il n'y a pas lieu d'ordonner l'exécution provisoire du jugement jusqu'à concurrence du montant des offres faites par l'Etat;

Qu'il est bien exact que l'Etat a fait des offres, mais qu'il n'est pas justifié qu'il y ait eu de sa part une promesse reconnue; que, d'ailleurs, l'exécution provisoire, dans la mesure où elle est sollicitée, est sans intérêt, puisqu'il est toujours loisible au demandeur d'accepter les offres qui lui ont été faites;

Par ces motifs :

Dit que le cours commercial ne saurait servir de base à l'indemnité de réquisition, celle-ci ne pouvant être que de la valeur représentative réquisitionnée;

Dit que le prix de 138 francs l'hectolitre à 100 degrés, réclamé par la Société Picon et Cie, comme représentant le cours moyen d'achat à l'époque de la réquisition, ne saurait être considéré comme un cours commercial réel;

Dit que l'indemnité offerte à la Société Picon et Cie, de 105 francs l'hectolitre à 100 degrés, augmentée de 2 fr. 50 par hectolitre pour taxe de fabrication, correspond bien à la valeur représentative de son stock supérieur à 200 hectolitres;

Dit, qu'au cas de refus, par le prestataire, de l'indemnité offerte, les intérêts ne seront dus, dans les termes du droit commun, qu'à partir de la sommation de payer ou de la demande en justice;

Déboute, en conséquence, la Société Picon et Cie de ses demandes, fins et conclusions;

Et la condamne en tous les dépens.

TRIBUNAL CIVIL DE VIENNE (Isère).

Audience du 29 juillet 1916.

Affaire : Ministre de la guerre contre Royanet.

Réquisition d'alcool. — Détermination de l'indemnité. — Prix de revient. — Exclusion du bénéfice commercial.

Attendu que l'Administration militaire a fait offre à Royanet de la somme de 5.496 fr. 77, en représentation de la valeur d'une quantité de 49 hectol. 97,7 d'alcool pur, ayant fait l'objet de réquisition directe de l'autorité militaire pour les besoins de l'armée, conformément aux dispositions de l'article 58 de la loi du 3 juillet 1877, modifiée par la loi du 27 juillet 1911;

Attendu que Royanet prétend que cette somme ne représente pas la valeur de l'alcool réquisitionné, et réclame à ladite Administration celle de 7.352 fr. 77, qu'il soutient être le prix auquel cette quantité d'alcool lui revient;

Qu'à l'appui de cette prétention, il affirme qu'il a acheté lui-même l'alcool dont s'agit, à raison de 115 francs l'hectolitre à 90 degrés, ce qui porte, d'après son calcul, à 133 fr. 72 l'hectolitre d'alcool à 100 degrés; qu'il invoque les factures, qu'il produit, de la maison Bresson, de Fougerolles, à laquelle il dit avoir acheté l'alcool réquisitionné; qu'il soutient encore que le cours commercial, au jour de la réquisition, était notablement supérieur, et qu'enfin, au prix de revient ci-dessus fixé, il y a lieu d'ajouter, pour frais généraux, une indemnité qui ne pourrait être inférieure à 10 p. 100 de la valeur intrinsèque de l'alcool dont il a été dépossédé;

Attendu qu'aux termes de l'article 2 de la loi du 3 juillet 1877, relative aux réquisitions militaires, les prestations qui en font l'objet donnent droit à des indemnités représentatives de leur valeur;

Attendu que cette disposition de loi ne peut, de toute évidence, s'entendre que de la valeur vraie ou intrinsèque de l'objet réquisitionné, et qu'elle ne peut être déterminée qu'à l'aide de facteurs précis, indépendants des fluctuations de bourse et d'agiotage, et dégagés de tout esprit de lucre;

Qu'il est non moins évident qu'à cet effet, et pour connaître et déterminer la valeur de l'objet de la réquisition, il convient de rechercher et de retenir le prix de revient de cet objet; mais qu'il ne peut être question que du prix de revient normal, sans qu'il y ait lieu de faire état du bénéfice dont le prestataire a pu être privé, non plus que de la perte qu'il aurait subie à raison d'une acquisition par lui faite à un prix excessif; que l'Etat, en usant du droit de réquisition, ne fait pas une opération commerciale, et ne saurait en assumer les risques;

Qu'il s'ensuit que le cours en bourse de la marchandise réquisitionnée ne peut être, en principe, pris comme base de sa valeur, au sens de l'article 2 de la loi susvisée, et qu'il ne peut être retenu qu'à titre d'indication, quand il corrobore les éléments du prix de revient normal;

Attendu que, dans le même ordre d'idées, des factures ne sauraient suffire, à elles seules, pour établir le prix de revient normal, fût-il justifié, ce qui n'est pas en l'espèce, qu'elles se réfèrent bien à la marchandise réquisitionnée, le prix payé par le prestataire pouvant être le résultat d'un marché désavantageux, d'une opération hasardeuse ou d'une maladresse;

Qu'il n'y a donc pas lieu de s'arrêter, en l'état, aux justifications apportées par Royanet à l'appui de sa prétention, et qu'il convient de rechercher si le prix offert par l'Administration militaire est la représentation de la valeur de l'alcool réquisitionné, au sens de la loi de 1877;

Attendu qu'en ce qui concerne la réquisition de l'alcool pour les besoins de la défense nationale, c'est à bon droit que l'Administration militaire observe qu'il s'est agi d'une opération pratiquée sur l'ensemble du territoire, et sur un produit industriel qui est partout le même et dont le prix de revient ne saurait varier sensiblement d'un point à un autre du territoire, frais de transport exceptés;

Attendu que ce prix de revient, y compris tous débours accessoires, peut être légitimement ramené au chiffre adopté par M. le Ministre de la guerre pour les indemnités à allouer en suite de réquisition de cette nature et fixé à 100 francs par hectolitre d'alcool pur à 100 degrés, majoré de 10 p. 100;

Qu'en effet, il y a lieu d'observer que ce chiffre n'a été arrêté par le Ministre que sur l'avis de la commission unique siégeant à Paris et nommée dans les conditions prévues par l'article 133 du règlement d'administration publique du 2 août 1914; que cette commission, qui se compose de cinq membres, comprend, outre un ingénieur des poudres, président, et un fonctionnaire de l'Intendance, le président des courtiers assermentés près la Bourse de commerce de Paris, un membre de la Chambre de commerce de Paris et le président du Syndicat des distillateurs agricoles; qu'une telle composition donne aux prestataires d'alcool toute garantie pour la sauvegarde de leurs intérêts, et que l'opinion de cette commission, particulièrement compétente, mérite d'être retenue; qu'elle offre au tribunal une appréciation contrôlée et réfléchie, que les affirmations de Royanet sont, en l'état, impuissantes à combattre;

Attendu, au surplus, qu'il n'est pas sans intérêt de retenir que beaucoup des prestataires, et notamment dans la région du Sud-Est, ont accepté le chiffre fixé par ladite commission et arrêté par le Ministre, ce qui implique la reconnaissance que ce chiffre est la juste indemnité à laquelle les réquisitions effectuées leur donnaient droit; que, d'autre part encore, il est justifié par l'Administration militaire que les marchés passés par elle, de mai à août 1915, l'ont été, pour des quantités très importantes, à des prix ne dépassant pas 100 francs par hectolitre d'alcool à 100 degrés;

Attendu, dans ces conditions, que les offres de l'Administration militaire faites à Royanet sont suffisantes et satisfactoires, aux termes de l'article 2 de la loi du 3 juillet 1877, et que la demande de ce dernier n'est pas fondée;

Attendu que la partie qui succombe doit supporter les dépens,

Par ces motifs :

Le Tribunal, jugeant en matière sommaire et en premier ressort,

Ouï M. Tarrius, procureur de la République, en ses conclusions motivées et conformes;

Après en avoir délibéré conformément à la loi,

Sans s'arrêter à toutes fins et conclusions contraires qui sont rejetées, déclare l'offre de 5.496 fr. 77, faite par l'Administration militaire à Royanet pour les causes susénoncées, suffisante et satisfactoire, et en conséquence déboute Royanet de ses demandes, fins et conclusions, et le condamne aux dépens.

TRIBUNAL CIVIL DE MACON.

Audience du 25 juillet 1916.

Affaire : Ministre de la guerre contre Burillier.

Réquisition d'automobile (loi du 22 juillet 1909, art. 12 et 15). — Absence de recours devant les tribunaux (loi du 22 décembre 1914). — Non-rétroactivité.

Attendu que Burillier, agissant comme seul et unique héritier de son père décédé, a assigné le sous-intendant militaire à Mâcon, ès qualité, demandant contre lui condamnation au paiement :

1° De la somme de 11.750 francs, valeur qu'il attribue à un camion automobile qui appartenait à son père et qui a été réquisitionné;

2° Les intérêts de droit de cette somme;

3° Les dépens de l'instance.

Attendu que, par des conclusions antérieures, le défendeur avait soulevé une première exception à laquelle il a ensuite expressément renoncé;

Attendu que, selon ses conclusions nouvelles, la demande devait être déclarée non recevable, par application de l'article 15 de la loi du 22 juillet 1909;

Attendu, en fait, que le camion automobile dont s'agit a été réquisitionné à Charnay-les-Mâcon le 6 août 1914;

Que la commission spéciale en a fixé la valeur à 4.133 fr. 35;

Que Burillier ayant formulé une réclamation et demandant 11.750 francs, l'affaire fut soumise à la commission de revision siégeant à Dijon, qui, au vu des réponses fournies par Burillier à un questionnaire, et par décision du 27 février 1915, a maintenu l'évaluation première;

Que cette décision ayant été notifiée à Burillier le 19 juillet 1915, il persista dans son refus et introduisit l'instance actuelle;

Attendu que, la loi sous l'empire de laquelle a été effectuée la réquisition du camion était celle du 22 juillet 1909, relative au recensement, au classement et à la réquisition des voitures automobiles, non encore modifiée à la date même de la réquisition par la loi du 22 décembre 1914;

Attendu que le premier paragraphe de l'article 12 de cette loi était alors ainsi conçu : « Les prix des voitures automobiles requises sont déterminés à l'avance et fixés d'une manière absolue d'après leur catégorie et leur ancienneté de fabrication. » (Suit l'exposé des règles suivant lesquelles doit se faire le calcul du prix);

Attendu qu'il était dit encore, au dernier paragraphe du même article : « La commission de réquisition pourra fixer exceptionnellement un prix supérieur au prix budgétaire pour les voitures qui, de l'avis unanime de ses membres, auraient une valeur notablement supérieure à ce prix. Toutefois, la majoration ne dépassera pas le quart du prix budgétaire »;

Que l'article 15 était ainsi conçu : « Les commissions mixtes statuent définitivement sur les réclamations ou excuses qui peuvent être présentées par les propriétaires des voitures automobiles. Réciproquement, aucun recours n'est ouvert à l'Administration militaire contre leur décision »;

Attendu que l'Intendance soutient que, par application de ces dispositions légales, dont le caractère impératif résulte nettement, dit-elle, de leur texte même, le prix du camion litigieux était fixé d'une manière absolue, et qu'il a été, dans les conditions plus haut spécifiées, définitivement statué sur la réclamation formulée par Burillier;

Attendu que celui-ci prétend, au contraire, que les prescriptions de la loi de 1909 s'appliquent bien aux opérations des commissions et à la manière dont elles doivent procéder, mais n'excluent nullement le recours aux tribunaux civils, lorsqu'il y a contestation sur le montant de l'évaluation;

Attendu que, selon lui, ce recours n'est, en effet, que l'exercice normal d'un droit qui appartient à tout particulier lorsqu'il subit une expropriation, celle-ci ne pouvant avoir lieu que moyennant une indemnité dont la fixation définitive doit naturellement être réservée, en cas de désaccord, à la juridiction civile;

Attendu, dit-il encore, que cette faculté ne pourrait être retirée à l'exproprié que par une disposition légale entièrement formelle, ce qui n'est pas le cas en l'espèce, puisque l'article 1er de la loi de 1909 a pris soin de dire que la réquisition a lieu dans les conditions générales prévues par la loi du 3 juillet 1877, et puisque l'article 26 de cette dernière loi prévoit, dans certains cas, tout au moins, le recours à la juridiction civile;

Mais attendu que, si on lit de nouveau les textes législatifs dont il vient d'être question, il paraît bien difficile de ne pas reconnaître, avec l'Intendance, aux articles 12 et 15 de la loi de 1909, un caractère impératif, alors qu'il est dit que les prix sont fixés d'une *manière absolue;* que les commissions mixtes *statuent définitivement* sur les réclamations et que, *réciproquement, aucun recours* n'est ouvert à l'Administration militaire (voir arrêt de la Cour de Dijon du 20 décembre 1915 : affaire Ministre de la guerre contre Régnier);

Attendu qu'on rencontre là, il est vrai, une dérogation aux règles de droit généralement sanctionnées par notre législation;

Mais, attendu qu'il est de principe que la loi peut, par une disposition expresse et formelle, déroger au droit commun;

Attendu, d'autre part, que l'on ne saurait perdre de vue que l'autorité publique a la mission, en présence du danger commun, et pour la sauvegarde de la vie et des biens de tous, de pourvoir à l'utilisation la plus rapide et la plus efficace de toutes les forces nationales;

Que des considérations de cet ordre expliquent fort bien que le législateur ait désiré, dans des domaines où cela lui apparaissait possible, couper court à l'avance, pour le temps de guerre, à toute une série de litiges, en fixant en quelque sorte à forfait les conditions dans lesquelles les particuliers devraient, lors de la mobilisation, faire abandon de certaines catégories déterminées d'objets leur appartenant;

Attendu qu'enfin, pour ne point s'étonner que telle ait pu être la pensée du législateur, il suffit de remarquer que, quand on se trouve en présence des dommages de l'ordre le plus élevé, c'est-à-dire de l'atteinte portée à la personne humaine, le taux des pensions, en cas de réforme ou de décès, est aussi déterminé à l'avance, sans que l'ayant droit soit admis à se pourvoir en justice, en faisant valoir les circonstances particulières dans lesquelles il se trouve, pour discuter le chiffre fixé par la loi;

Attendu que l'argument tiré par Burillier des termes de l'article 1er de la loi de 1909 ne saurait être non plus retenu : d'une part, parce que cet article se borne à renvoyer aux conditions générales de la loi de 1877; d'autre part et surtout, parce qu'on ne comprendrait pas que, par une simple formule, générale aussi, et sans autrement préciser, le législateur ait entendu contredire à l'avance aux dispositions spéciales et expresses contenues plus loin dans la même loi, aux articles 12 et 15;

Attendu que cet article 1er ne peut, évidemment, renvoyer aux conditions générales de la loi de 1877 que pour ce qui ne se trouverait pas explicitement et spécialement réglementé par la loi dont il fait partie;

Attendu que Burillier fait encore observer que, suivant un avis émis, le 11 mars 1915, par le secrétariat général du ministère de la guerre, celui-ci, se fondant précisément sur l'article 1er de la loi de 1909 et son renvoi à la loi de 1877, admet qu'en ce qui concerne les évaluations il peut y avoir revision de la part de l'autorité militaire;

Mais attendu qu'après avoir noté tout d'abord que cet avis, en donnant place à une revision par l'autorité militaire, ne fait nulle mention de la possibilité d'un recours à la juridiction civile, il convient aussi de remarquer que l'on se trouve en présence d'un simple avis qui, quelque autorisée qu'en soit la source, ne peut être mis en regard d'un texte législatif dont le caractère précis et impératif vient d'être reconnu;

Attendu qu'enfin Burillier se fonde sur ce que la loi du 22 décembre 1914, modifiant, par ses articles 16 et 17, les articles 12 et 15 précités de la loi de 1909, a autorisé expressément et réglementé le recours aux tribunaux, ne faisant d'ailleurs en cela, prétend-il, que préciser le droit écrit dans la loi de 1877;

Mais attendu que la réquisition litigieuse ayant eu lieu avant que la loi de décembre 1914 existât, celle-ci ne saurait trouver application en l'espèce;

Attendu qu'en effet, il est de principe, qu'à moins que le législateur en ait exprimé la volonté clairement et de façon non douteuse, toute loi ne dispose que pour l'avenir;

Que, spécialement, les droits d'un exproprié sont déterminés par la législation en vigueur au moment même de l'expropriation, sans qu'il y ait lieu de considérer la date à laquelle, par suite de circonstances diverses, le prix a pu se trouver définitivement fixé (même arrêt);

Attendu que, d'ailleurs, rien, dans l'examen du texte de cette loi de décembre 1914 ou de ses travaux préparatoires, ne permet de penser soit que le législateur ait entendu lui donner un effet rétroactif, soit qu'il ait voulu faire seulement une loi interprétative;

Qu'au contraire, il dit simplement que les alinéas dernier de l'article 12 et premier de l'article 15 sont remplacés par les textes qu'il édicte, ce qui exprime bien qu'il s'agit là de dispositions nouvelles abrogeant les anciennes et devant être appliquées désormais au lieu et place de celles qui existaient auparavant (même arrêt);

Attendu que, dans ces conditions, il paraît inutile de rechercher dans quelle mesure, si le litige avait été régi par les articles 12 et 15 nouveaux, le tribunal aurait eu pouvoir de modifier les évaluations;

Qu'il suffit, en effet, de constater que, par application de la loi de 1909 dans son texte ancien, Burillier n'est pas recevable à recourir au tribunal pour obtenir la modification du prix définitivement fixé par la commission compétente, pour le camion automobile réquisitionné le 6 août 1914 (même arrêt);

Attendu qu'il doit être, pour ce motif, débouté de sa demande et condamné aux dépens,

Par ces motifs :

Le Tribunal, statuant en matière sommaire, et en dernier ressort,

Déclare, par application des articles 12 et 15 anciens de la loi du 22 juillet 1909, Burillier non recevable en sa demande, l'en déboute;

Le condamne en tous les dépens.

TRIBUNAL CIVIL DE GAILLAC.

Audience du 4 juillet 1916.

Affaire : Ministre de la guerre contre Comte.

Réquisitions d'avoine. — Détermination de l'indemnité. — Exclusion du cours commercial. — Prix de revient.

Attendu que la procédure est régulière en la forme;

Au fond :

Attendu qu'il n'y a litige que sur la détermination de l'indemnité prévue par l'article 2 de la loi du 3 juillet 1877 ainsi conçu : « Toutes les prestations donnent droit à des indemnités représentatives de leur valeur »;

Attendu qu'il ne s'agit pas d'un marché de fournitures militaires dont les conditions, après avoir été librement et respectivement consenties, font la loi des parties, mais de prestations légalement exigées par l'autorité militaire, pour le service de la défense nationale, dont la dépossession immédiate est obligatoire dans des conditions formellement déterminées par la loi;

Attendu que la réquisition militaire, prévue par la loi du 3 juillet 1877 atteinte au droit de propriété et que justifie seulement l'intérêt supérieur de la défense nationale, constitue une dépossession mobilière forcée, pour cause de nécessité nationale, ayant beaucoup d'analogie avec l'expropriation pour cause d'utilité publique (article 545 du Code civil), mais présentant néanmoins, entre autres différences importantes, que non seulement le paiement de l'indemnité n'est pas préalable à la délivrance de ce qui enlève au prestataire le droit de rétention jusqu'au paiement, mais surtout que le chiffre de l'indemnité n'est pas même préalablement déterminé — procédure de dépossession qu'expliquent seulement la nécessité et l'urgence de se procurer sans délai les objets dont réquisition est faite; que, néanmoins, pour sauvegarder les justes intérêts du prestataire, le chiffre d'indemnité ne peut être offert par l'autorité militaire qu'après avis d'une commission d'évaluation composée de membres civils et militaires, mais dont les membres civils doivent toujours être en majorité (art. 45 et 46 du décret d'administration publique du 2 août 1877);

Attendu que, lors de la loi du 6 février 1804 relative à la propriété et dont fait partie l'article 545 du Code civil concernant l'expropriation pour cause d'utilité publique, Portalis, dans l'exposé des motifs, a dit que les charges de l'Etat doivent être supportées avec égalité et dans une juste proportion; mais que toute égalité et toute proportion seraient détruites si un seul ou quelques-uns pouvaient jamais être soumis à faire des sacrifices auxquels les autres ne contribueraient pas, la même idée se retrouvant dans le rapport du tribun Faure (D., *J. G.*, v. Propriété, p. 105, note 18, p. 107, note 34); que telle a été la même pensée du législateur du 3 juillet 1877 sur les réquisitions militaires;

Qu'ainsi, dans son rapport à la Chambre des députés, le baron Reille s'exprimait ainsi : « La loi des réquisitions militaires doit assurer au citoyen la rémunération de ce qu'il a fourni, afin que les charges sociales entraînées par la défense nationale soient également réparties sur tous. » (D., Sup., v. Réquisitions militaires, n° 35); d'où, pour le législateur, cette volonté de l'égalité dans la répartition de prestations à fournir comme aussi dans la contribution à l'indemnité dont le paiement est à la charge de tous puisque de l'Etat, cette égalité n'étant, d'ailleurs, que la conséquence du devoir patriotique incombant également à tout citoyen pour la défense nationale;

Attendu que l'égalité de tous dans la contribution pécuniaire incombant à l'Etat ne sera pas détruite, à la double condition que le prestataire ne subisse aucun préjudice, mais aussi ne réalise aucun profit, n'ayant droit, à titre de réparation ou d'indemnité de la fourniture, qu'au remboursement de la valeur originelle de revient ou de débours, et non à la valeur d'échange ou commerciale, celle-ci pouvant être faussée et enflée par la raréfaction vraie ou spéculation du produit à la suite de l'abondance à la demande des consommateurs dont, en temps de guerre, le principal sera le plus souvent l'Etat qui, ainsi, se ferait concurrence à lui-même au préjudice de l'intérêt général, pour le seul profit de l'intérêt particulier de certains détenteurs; que déterminer une valeur autre que la valeur réelle originelle serait favoriser indirectement la raréfaction spéculative et concertée des détenteurs, dont la conséquence pécuniaire serait préjudiciable à l'Etat à leur seul profit particulier;

Attendu que la loi de 1877 n'emploie pas l'expression de « prix », mais celle d' « indemnité », c'est-à-dire de dédommagement ne pouvant être, en droit, que la réparation des dommages actuels et certains qui ne peut s'étendre aux dommages éventuels et incertains basés sur la seule possibilité d'un dommage futur à naître d'un événement ultérieur et incertain, principe reconnu d'une façon constante par la Cour de cassation, en matière d'expropriation immobilière pour cause d'utilité publique, et qui doit, par analogie, être appliqué à l'expropriation mobilière pour cause d'intérêt national, qui est la réquisition militaire (D. Sup. v. Expropriation pour cause d'utilité publique, nos 607 et suivants; Cour de cassation, 28 juillet 1879, D. P., 80, 1, 81; 16 août 1880, D. P., 81, 5, 196; 24 août 1880, D. P., 81, 1, 480);

Attendu que toute majoration sur la valeur déboursée ou de revient ne peut être considérée que comme une possibilité de bénéfice sur une vente ultérieure éventuelle et incertaine, et dès lors ne doit pas être comprise dans l'indemnité;

Attendu qu'il est d'autres cas de dépossession forcée et nécessaire prévus par la loi, notamment dans les articles 234, 258, 402, 415, 417 du Code de commerce, dans lequel il est précisé que la valeur doit être calculée au cours de la marchandise au jour et au lieu du déchargement, le législateur s'étant servi de l'expression « prix » et non de celle « indemnité » employée, au contraire, en matière d'expropriation immobilière et de réquisition militaire, différence d'expression manifestant une différence de volonté, le paiement dû au prestataire n'étant pas la valeur au cours du jour, c'est-à-dire la valeur commerciale, mais l'indemnité d'après la valeur exacte originelle de revient ou de débours;

Attendu que si, dans certains cas, lorsqu'il s'agit de prestataires producteurs, l'application de ces principes pour la détermination de la valeur peut être délicate et difficile, il en est autrement lorsqu'il s'agit de prestataires non producteurs, de négociants comme dans l'espèce, pour lesquels la valeur de la prestation ne sera que le remboursement des débours effectués par eux, moyennant lesquels ils se seront procuré l'objet réquisitionné, auxquels débours s'ajouteront tous autres débours accessoires faits depuis l'entrée de la marchandise dans leurs magasins jusqu'à la livraison à l'autorité militaire; qu'il ne pourra qu'en être ainsi notamment, quand, comme dans le cas dont s'agit, le prestataire n'aura même pas allégué s'être remplacé;

Attendu qu'il résulte des documents produits, spécialement de la lettre du 29 septembre, avec la copie annexée du récépissé d'expédition n° 589 du 5 octobre et de la facture du 9 octobre 1915, dont enregistrement est ordonné, que Comte a reçu, à Rabastens, en octobre 1915, de l'avoine payée à raison de 26 francs les 100 kilogrammes, gare Rabastens, étant mal fondé

dre qu'à ce prix s'ajoutent les frais de transport d'Uzel
astens, alors que son vendeur, s'étant fait expédier cette
à lui-même à Rabastens, en port dû, a été tenu, comme
aire, à payer des frais de transport que Comte ne justifie
egue même pas lui avoir remboursés;
ndu que le tribunal trouve dans la cause des éléments suf-
pour évaluer à 0 fr. 50 par 100 kilogrammes les débours
soirement faits jusqu'à la livraison à l'autorité militaire en
embre 1915, y compris même une juste part de frais généraux
u se trouve déterminée à 26 fr. 50 les 100 kilogrammes. la
dont Comte doit être dédommagé;
endu que les offres de l'Administration militaire de
fr. 75, à raison de 25 fr. 50 les 100 kilogrammes étant in-
ntes, ne peuvent pas être validées;
ndu que, par suite même de l'insuffisance de ces offres,
istration militaire doit à Comte les intérêts à partir de
e ière réclamation judiciaire ou extra-judiciaire, dans l'es-
du jour de son exploit introductif;
endu que, les parties succombant respectivement, il y a lieu
rtir les dépéns,

ces motifs :

Tribunal,
le ministère public; jugeant publiquement, contradictoire-
en matière civile et en premier ressort, après en avoir dé-

re la procédure régulière en la forme;

fond :

à 1.603 fr. 25, à raison de 26 fr. 50 les 100 kilogrammes,
ommagement dû à Comte pour les 6.050 kilogrammes
e réquisitionnés en novembre 1915, declarant insuffisan-
s offres de l'autorité militaire de 1.542 fr. 75, à raison de
les 100 kilogrammes;
damne le Ministre de la guerre, représentant l'Etat, à lui
cette somme de 1.603 fr. 25, avec intérêts à partir du
rs 1916, date de l'exploit introductif d'instance;
it qu'il sera fait masse des dépens, dans lesquels seront com-
tous droits, doubles droits, amendes de timbre et d'enregis-
ent, pour, lesdits dépens, être répartis par égales parts en-
es parties.

Paris et Limoges. — Imprimerie militaire CHARLES-LAVAUZELLE.

www.ingramcontent.com/pod-product-compliance
Lightning Source LLC
Chambersburg PA
CBHW061258060726
47596CB00002B/653